Gernot Candolini

Die Faszination der Labyrinthe

Das Praxisbuch

Mit Kopiervorlagen

Kösel

Mein besonderer Dank gilt:
Hermann Kern, der die Grundlagen zum Wissen über das Labyrinth gelegt hat, den Züricher Labyrinthfrauen, die dem Labyrinth neues Leben eingehaucht haben, und den Mitarbeitern des Kösel-Verlags, im Besonderen Frau Dagmar Olzog, die das Engagement zur Neuauflage dieses Buches hatten.

Gernot Candolini

Anmerkung zum Umschlagmotiv

Dieses (leicht abgewandelte) Motiv hat schon interessante Diskussionen ausgelöst. Häufig sieht man nicht auf den ersten Blick: Was ist die Begrenzung des Labyrinths und was ist der Weg? In diesem Fall ist der Weg das dunkle Band. Wer dagegen auf der Begrenzung geht, befindet sich nicht in einem Labyrinth, sondern in einem Irrgarten. Auf der Rückseite des Buchumschlags ist das Motiv zwar kleiner, aber vollständig und in der Originalfassung abgebildet, was die »richtige« Betrachtung des Motivs erleichtert.
Einen Meditationstext zu diesem Motiv finden Sie unter
www.labyrinthe.at

Abbildungsnachweis

Agnes Barmettler: S. 133
Gernot Candolini: S. 5, 10, 13, 23 r., 26 o., 30, 36, 38, 39, 42, 50, 67, 69, 71, 87, 91, 95, 97, 99, 113, 125, 135, 139, 141, 143
Robert Ferré: S. 27, 34, 35
Adrian Fisher: S. 11, 123, 129
Hubertus Halbfas (*Religionsunterricht in der Grundschule*, s. Literatur S. 59, © Patmos Verlag GmbH & Co. KG, Düsseldorf): S. 131
Hermann Kern (*Labyrinthe*, s. Literatur S. 59): S. 16 (Abb. nach Zev Vilnay: *The Holy Land in Old Prints and Maps*, Jerusalem 1965), 18 (Abb. nach Edward Trollope: »Notices of Ancient and Mediaeval Labyrinths«, in: *The Archaeological Journal*, Bd. 15, 1858), 23 l. (Illustration von F. J. Richards, in John Layard: *Labyrinth Ritual*, 1935), 77 (Illustration ergänzt von Gernot Candolini, nach W. Koltaj, in Wiktor Daszewski: »La mosaiques du Labyrinthe de Cormerod«, in: *Germania*, Bd. 52, 1974), 93 (Abb. nach Louis Demaison: *Les architects de la cathedrale de Reims*, 1894), 101 (Abb. nach Edward Trollope, a.a.O.), 103 (Abb. nach Edward Trollope, a.a.O.), 115 (Abb. nach Vrhad Karmakanda Baddhati, Mathara o.J.), 119 (Abb. nach Francesco Segala: *Libro de laberinti de Franc 16. Jh.* o.J.)
John Kraft: S. 8 o.
Kurt Krüger: S. 109, 121
Henri Lhote: S. 73
William. H. Matthews: S. 7
Nigel Pennik: S. 83, 105
Alfons Rosenberg: S. 85, 89
Jeff Saward/Caerdroia: S. 8 u., 24, 26 u., 107, 117, 127
Carl Schuster: S. 6, 46, 79, 81, 111
O. Worm: S. 14

Fotonachweis

Alle Fotos stammen von © Gernot Candolini, ausgenommen die Fotos auf S. 49 (© Carmen Tillmann) und S. 61 (© Heinz Naab).

Textnachweis

S. 52–54: Douglas Burton-Christie: »Into the Labyrinth: Walking the Way of Wisdom«, in: *Weavings*, Vol. XII, No. 4, July/August 1997, S. 19–28

Einige Quellenangaben sind trotz intensiver Bemühungen des Verlags nicht oder nur ungenau möglich. Der Verlag ist für weiterführende Hinweise dankbar.

Dieses Buch erschien zuerst 1999 im Pattloch Verlag, Augsburg, unter dem Titel *Labyrinthe. Ein Praxisbuch zum Malen, Bauen, Tanzen, Spielen, Meditieren und Feiern.* Die vorliegende Ausgabe wurde überarbeitet und aktualisiert.

Umwelthinweis

Dieses Papier wurde auf chlor- und säurefreiem Papier gedruckt.

4. Auflage 2012

Umschlag: Kaselow Design, München
Umschlagmotiv: Gernot Candolini, Innsbruck
Druck und Bindung: ALCIONE, Lavis (Trento – Italien).
Printed in Italy
ISBN 978-3-466-30659-6
www.koesel.de

Inhalt

Das Labyrinth – ein uraltes Zeichen

Das klassische oder kretische Labyrinth ist die Urform des Labyrinths

*D*as Labyrinth gehört zu den ältesten symbolischen Zeichen der Menschheit.

Seit Jahrtausenden wird es in Felsen oder Ton geritzt, auf Keramiken gemalt, mit Steinen am Boden ausgelegt oder in alte Handschriften gezeichnet. Man findet Labyrinthe auf alten kretischen Münzen, auf etruskischen Vasen, an sizilianischen Gräbern, auf indonesischen Goldringen, aber auch auf Schmuckstücken nordamerikanischer Indianer. Labyrinthe wurden in spanische, englische, russische Felsen geritzt, in französischen Kathedralen als Bodenmosaike ausgelegt, in indische Tempelverzierungen eingebaut und in pakistanische Moscheen geschnitzt. Sie wurden aus englischem und deutschem Rasen gestochen und in Skandinavien, Russland, Indien und Nordamerika mit Steinen ausgelegt.

In bestimmten Kulturen war das Labyrinth jahrhundertelang in Gebrauch, manchmal jedoch ist die Geschichte seiner Verwendung nur kurz. Zu Beginn des 21. Jahrhunderts erlebt das Labyrinth erneut eine Renaissance: Überall auf der Welt werden derzeit neue Labyrinthe gezeichnet, gebaut und verwendet. Auch diese Blüte wird vergehen – aber sie wird wiederum Spuren hinterlassen in der vieltausendjährigen Geschichte dieses Symbols.

Das Labyrinth von Pylos, 1200 v. Chr.

Vorrömische Felsritzung aus dem Val Camonica in Oberitalien

Was ist ein Labyrinth?

Das ursprüngliche Labyrinth hat im Wesentlichen immer die gleiche Form. Von einem Kreuz ausgehend werden anfangs sieben, später mehrere Kreise gezogen, die einen verschlungenen Weg bilden. Dieser Weg hat keine Abzweigungen und bildet keine Sackgassen oder Irrwege. Er führt hin und her, biegt immer wieder nach innen und nach außen ab und gelangt schließlich zur Mitte. Dort ist der Ort der Umkehr. Es führt der gleiche Weg wieder nach außen zurück.

Der Ursprung des Labyrinths

Das Labyrinth entstand im Mittelmeerraum. Das älteste Labyrinth fand man bei Ausgrabungen in Pylos in Griechenland. Beim Brand in einem Palast waren dort vor 3 200 Jahren Tontäfelchen gehärtet worden. Auf einer dieser Tafeln war ein Labyrinth eingeritzt.

Im gesamten Mittelmeerraum finden sich viele Felsritzungen von Labyrinthen, die noch älter als das Labyrinth von Pylos sein könnten. Aber während man in der Archäologie Brände sehr leicht datieren kann, ist eine Altersbestimmung bei Felsritzungen nahezu unmöglich.

Welche Kultur das Labyrinth erfunden hat, weiß man nicht. Auch nicht, was das Wort »Labyrinth« bedeuten könnte. Aber es gibt eine berühmte alte Geschichte mit einem Labyrinth auf Kreta und deshalb wird der Ursprung des Labyrinths oft nach Kreta verlegt und die älteste Labyrinthform auch als kretisches oder klassisches Labyrinth bezeichnet.

Theseus besiegt den Minotaurus im Labyrinth

Die Sage vom Minotaurus im Labyrinth

Die Sage erzählt vom kretischen König Minos, dessen Frau Pasiphaë sich in einen Stier verliebt und in der Folge ein schreckliches Stier-Mensch-Ungeheuer, den Minotaurus, gebiert. König Minos beauftragt seinen Architekten Daidalos, für dieses Wesen ein Labyrinth als Gefängnis und Aufbewahrungsort zu bauen.

Nach einem verlorenen Feldzug müssen die Athener alle neun Jahre sieben Jünglinge und Mädchen nach Kreta schicken, wo sie dem Minotaurus geopfert werden. Eines Tages ist unter den Auserwählten Theseus, der junge Königssohn von Athen. In Kreta begegnet ihm die Tochter des Königs Minos, Ariadne, die sich in ihn verliebt und ihm einen Faden mit in das Labyrinth gibt. Theseus tötet den Minotaurus und findet mithilfe des Fadens der Ariadne den Weg aus dem Labyrinth wieder heraus. Mit den von ihm befreiten Geiseln kehrt er nach Hause zurück und wird König von Athen.

Geschichten der Seele

In Mythen, Sagen und Märchen geht es nie um genaue Geschichtsschreibung, sondern um Geschichten, die das Seelenleben widerspiegeln. Sie handeln von Ängsten, Kämpfen und inneren Erlebniswelten, die sich bei vielen Menschen ähnlich abspielen.

Das Labyrinth ist ein Spiegel, ein Bild, ein Symbol für den schwierigen und verschlungenen Lebensweg des Menschen. Es spricht von den Wahrheiten des Lebens, von den Schwierigkeiten und den Kämpfen, aber auch vom Ankommen, von der Mitte und von der neuen Freiheit, wenn man aus dem Labyrinth wieder heraus ist.

Das Labyrinth ist weit verbreitet

Das klassische Labyrinth hat sich über die ganze Welt verbreitet. Vom Mittelmeerraum aus gelangte es zu den seefahrenden Völkern des Nordens, vorbei an der spanischen Atlantikküste, nach England, Island und nach ganz Skandinavien. Sogar weit oben im russischen Eismeer gibt es eine Insel mit 15 Steinlabyrinthen unbekannten Alters.

Auf seiner Reise blieb das Labyrinth im Wesentlichen unverändert. Manchmal wurde das Design ein wenig abgewandelt, manchmal ein zweiter Ausgang aus der Mitte angelegt oder die Zahl der Umgänge verändert, die Vorstellungen aber, die mit dem Labyrinth verknüpft wurden und werden, sind die gleichen geblieben. Es ist überraschend, in wie vielen Kulturen und an welch unterschiedlichen Orten auf der Welt das Labyrinth gezeichnet und verwendet wurde.

Runde Labyrinthform der Hopi-Indianer

Das Bodenmosaik in der Basilika von El Asnam, Algerien

Die Reise um die Welt

In östlicher Richtung verbreitete sich das Labyrinth nach Persien, Afghanistan, Pakistan, Indien, Indonesien und Amerika. Wer sich mit den nordamerikanischen Labyrinthen befasst, gerät ins Staunen. Die Hopi, Navajo, Pima und Papago verwenden das klassische Labyrinth seit vielen hundert Jahren. Die Form und die Bedeutung, die die Indianer dem Labyrinth geben, ist ähnlich der in Indien. Es gibt Anzeichen dafür, dass die Indianer das Labyrinth nicht selbst erfunden haben. Lange Zeit vor Kolumbus scheint es über Kontakte, die bis in den Mittelmeerraum reichten, über den Pazifik zu ihnen gekommen zu sein.

Römische Mosaike

Bei den Römern waren griechische Heldensagen sehr beliebt. So erzählten sie sich auch die Geschichte von Theseus und stellten mit ihm das Labyrinth dar. Die Römer erfanden jedoch einen eigenen Labyrinthtyp, der ihren ornamentalen Mustern besser entsprach. Das römische Labyrinth umkreist die Mitte in der Regel nicht in großen Bögen. Bevor der Weg in den nächsten Quadranten weiterführt, muss immer ein Quadrant ganz durchschritten werden. Die Römer verwendeten das Labyrinth in erster Linie zur Dekoration ihrer Villen und Bäder. Mehrere prachtvolle Mosaike mit Labyrinthen haben sich etwa in Pompeji erhalten.

Das Labyrinth im Christentum

Das Christentum hat das Labyrinth schon früh in seinen Symbolschatz aufgenommen. In einer der ältesten erhaltenen Kathedralen der Welt, der 324 n. Chr. erbauten Reparatusbasilika in El Asnam in Algerien, gibt es ein Bodenmosaik mit einem Labyrinth römischen Typs und einem seltsamen Spruchspiel in der Mitte. Vom Mittelpunkt (S) aus ist in jede erdenkliche Richtung das gleiche Wort »SANCTA ECLESIA« zu lesen. Es ist, als ob damit ausgedrückt werden soll, dass Christus den Kampf mit dem Ungeheuer für die Menschen gewinnt und in der Umkehr

Das gotische Labyrinth in der Kathedrale von Chartres/Frankreich
(erbaut um 1200)

zu neuem Leben führt. Von ihm aus wächst in jede Richtung die *Sancta Ecclesia* – die heilige Kirche.

In frühmittelalterlichen Handschriften finden sich immer wieder Labyrinthdarstellungen. Die ältesten Überlieferungen verwenden das Labyrinth klassischen Typs. Mit der Zeit veränderte es seine Form. Es entstand das so genannte Otfridlabyrinth (s. Kopiervorlage 9) und das gotische Labyrinth (s. Vorlage 10). In der Gotik erlebte das Labyrinth eine Blütezeit und wurde in vielen gotischen Kathedralen eingebaut.

Das gotische oder mittelalterlich-christliche Labyrinth ist dadurch gekennzeichnet, dass Kreis- und Kreuzmitte miteinander verschmelzen. Das Kreuz rückt in den Mittelpunkt und die Anordnung der Wege wird am Kreuz ausgerichtet.

Das Kirchenlabyrinth von Amiens/Frankreich

Meditieren und Tanzen

Immer schon ist das Labyrinth nicht nur gezeichnet, sondern auch aufgelegt worden. Manche vermuten sogar, dass das Labyrinth zuallererst eine Tanzfigur war, die am Boden aufgezeichnet wurde. Uralte Tänze wie der Geranos, der Kranichtanz, stehen mit dem Labyrinth in enger Verbindung.

In der Gotik fand das Labyrinth Einzug in die Bodengestaltung der Kathedralen. Meist gleich hinter dem Eingang wurde es in verschiedenfarbigen Ziegeln oder Steinen entweder in runder oder achteckiger Form ausgelegt. Die Menschen, die zur Kirche kamen, konnten das Labyrinth begehen und dabei über sich selbst und das Leben nachdenken.

Auch in der Gotik wurde das Labyrinth für Tänze verwendet. So finden sich in den Kirchenbüchern von Amiens, Auxerre, Sens, Reims und Chartres Berichte von liturgischen Ostertänzen.

Dabei tanzte der Dekan im Anschluss an die Ostervesper im Dreischritt durch die Gänge des Labyrinths. Die anderen Kleriker fassten sich an den Händen und bildeten einen Kreis um das Labyrinth. Der Dekan trug einen goldgelben Ball, den er den anderen als Symbol für die aufgehende Ostersonne zuwarf. Gemeinsam wurde dazu der alte Osterhymnus »Victimae paschali laudes« gesungen.

»Den Geranos tanzte man als Gruppe, Tänzer für Tänzer in einer Reihe, die Tanzführer an beiden Enden. Theseus tanzte den Geranos zuerst, indem er um den delischen Altar herum den Ausgang aus dem Labyrinth nachahmte.«

Pollux, griechischer Chronist, 2. Jh. n. Chr.

Rasenlabyrinthe

In England entwickelte sich eine eigene Labyrinthtradition. Dort wurden Labyrinthe neben Kirchen oder Dorfplätzen aus dem Rasen gestochen und man beging das Labyrinth auf der stehen gebliebenen Grasnarbe. Etwa 30 Rasenlabyrinthe sind in England dokumentiert; acht davon existieren bis heute.

Auch in Deutschland gibt es Rasenlabyrinthe. Einst waren es an die 100, heute sind noch drei erhalten: in Hannover, Steigra und Graitschen. Während die englischen Rasenlabyrinthe in der Regel die gotische Form haben, sind die deutschen fast immer klassischen Typs. Allerdings oft mit einer Besonderheit: In den meisten deutschen Labyrinthen stößt man in der Mitte nicht an, sondern es gibt einen zweiten Weg heraus. Das ist vor allem für Prozessionen praktisch, denn man muss nicht den gleichen Weg zurückgehen, sondern kann »in einem Zug« das Labyrinth durchschreiten.

Diese Labyrinthart findet man auch bei einigen Steinlabyrinthen in Skandinavien. Nachdem zwei der noch erhaltenen deutschen Labyrinthe im Volksmund »Schwedenring« genannt werden, darf man annehmen, dass es schwedische Soldaten waren, die das Labyrinth im Dreißigjährigen Krieg nach Deutschland brachten.

Gartenlabyrinthe

Erst in der Renaissance wurden Labyrinthe entworfen und gebaut, so, wie sich viele ein Labyrinth fürs Erste vorstellen: ein Heckenirrgarten mit vielen Sackgassen und einer schwer zu findenden Mitte. Manche Fürsten hatten zuerst noch Labyrinthe in der Form der französischen Kirchenlabyrinthe in ihre Gärten pflanzen lassen. Aber bald ging die ursprüngliche Form verloren und als Spiel- und Liebesgärten entstanden vielfältigste Irrgartenformen.

Labyrinthe heute

Heute werden überall auf der Welt wieder neue Labyrinthe und Irrgärten gebaut. Manchmal greift man dabei auf alte Vorlagen zurück, oft wird aber auch versucht, neue Formen zu entwickeln. Labyrinthe entstehen in Gärten, Kirchen, auf Spiel- und Stadtplätzen und erfreuen sich großer Beliebtheit.

Plan des berühmtesten Heckenlabyrinths in Hampton Court bei London

Labyrinth im Kurpark Bad Tatzmannsdorf/Österreich

Die Vielfalt der Symbolik

Vereinigung von Quadrat und Kreis im Labyrinth

*D*as Labyrinth ist ein Symbol. Es ist ein Zeichen in einer verborgenen, undeutlichen Sprache, die aber trotzdem jeder kennt. Das Labyrinth ist ein Rätsel, ein Geheimnis, aber dennoch kann man es deuten, ihm auf die Spur kommen, es aufdecken und zu sich sprechen lassen. Man kann die eine oder andere Bedeutung hervorholen und betonen, darüber nachdenken und seine eigenen Schlüsse ziehen.

Genau lässt sich ein Symbol nie beschreiben oder ausdeuten. Alle Aufzählungen sind deshalb nur eine Anregung, das Labyrinth selbst zu interpretieren und zu lesen. Es steckt viel mehr darin, als in den Büchern Platz hat.

Kosmos – Welt

Durch die Verbindung von Quadrat und Kreis ist das Labyrinth ein Zeichen der Ganzheit des Universums. Erde (Quadrat) und Himmel (Kreis) sind in einem Zeichen verbunden.

Der Mensch hat sich selbst immer als Schnittpunkt der Ganzheit betrachtet. Denn im Menschen vereinen sich Geist und Körper und beide manifestieren sich in ihm mit großer Kraft.

Bei den Hopi-Indianern wird das Labyrinth auch ausdrücklich als Ort der Hochzeit zwischen Vater Sonne und Mutter

Erde angesprochen. Die Kreisbahnen der Sonne bilden sozusagen die Kuppel über dem Erdenviereck.

Das Christentum sieht diese Vereinigung noch deutlicher in Jesus Christus, der ganz Mensch und ganz Gott war. Das christliche Labyrinth ist aber nicht Zeichen des Christus, sondern bleibt ein Symbol des irdischen Menschen, ein Zeichen der Welt. In diese irdische Welt dringt das Kreuz ein, der Mensch gewordene Christus verbindet Kosmos und Welt. In den christlichen Labyrinthen rückt das Kreuz in die Mitte des Labyrinths und alle Wege werden am Kreuz angeordnet.

Angst – Tod

Wer in das Labyrinth tritt, ist eingeschlossen. Es gibt kein Ausweichen mehr. Es gibt auch keine letzte Kontrollierbarkeit. Das macht Angst. Es ist ungewiss, ob der Weg überhaupt bewältigbar ist. Es ist ungewiss, was einen erwartet. Sinn oder Sinnlosigkeit, alles oder nichts, die Liebe oder das Biest?

Das Geheimnis des Todes ist eng mit diesen Fragen verbunden. Die Raupe löst sich auf und wird zum Schmetterling, der Samen fällt in die Erde, stirbt und wird zum Baum. Was ist mit uns, wenn wir sterben? Wo endet das Labyrinth wirklich?

Der Weg in das Labyrinth ist ein Todesweg, ein Weg in die Unterwelt. Der Weg aus dem Labyrinth hat geburtssymbolischen Charakter. Damit ist das Labyrinth ein Todeszeichen und gleichzeitig ein Symbol für die Wiedergeburt.

Steinkreuz aus Gotland/Schweden, gemeißelt im Jahr 1442. Es wurde leider zerstört, doch eine Zeichnung ist erhalten geblieben

Geburt – Wiedergeburt

Die Geburt zählt zu den schwierigsten und schmerzhaftesten Vorgängen in der Natur. Während bei vielen Tieren die Kinder vergleichsweise einfach zur Welt kommen, ist die Geburt eines Menschenkindes ein schwieriger und langer Weg, begleitet von Enge, äußerster Kraft, Schmerz, Angst und Todesgefahr.

Jeder weiß heute, dass es anatomisch gesehen eigentlich ein kurzer und gerader Weg ist. Aber es ist ein Weg, der seine Zeit braucht, der sein Maß an Energie, Hingabe und Entbehrung kostet. Ein Weg, der nicht schmerzfrei und nebenbei gegangen werden kann. Bevor das Ziel und mit ihm die Freude der Ankunft erreicht ist, müssen viele Wehen und Wendungen durchlebt werden.

Als der Gelehrte Nikodemus mit Jesus über die höchsten Dinge philosophiert, verwendet dieser das Bild der Geburt, um Nikodemus das geistige Zur-Welt-Kommen zu erklären. »Wenn jemand nicht von neuem geboren wird, kann er das Reich Gottes nicht sehen.« (Johannes 3,3)

Das Labyrinth ähnelt zwar anatomisch ein wenig einer Gebärmutter, aber im Grunde geht es um die symbolische Darstellung der Schwierigkeiten bei einer Geburt. Die geistliche Geburt ist von vergleichbaren Schwierigkeiten wie die natürliche umgeben. Deshalb sind viele moderne Erlösungswege von flüchtiger Wirkung, die ein einfaches, schnelles und schmerzfreies Angebot vorlegen. Sich auf das Labyrinth einzulassen bedeutet, sich auf das Leben einzulassen, so, wie es ist.

Umkehr – Befreiung

Die Labyrinthfigur ist ein Abbild der Umkehr. Nach einem schwierigen, verschlungenen Weg steht man in einer Sackgasse. Hier ist der Ort, der als einzig mögliche Lösung weiterzukommen eine Umkehr fordert. Die Notwendigkeit, sich zu wenden, liegt offensichtlich vor Augen. In dieser Bekehrung liegt die Wurzel der Befreiung, die Befreiung von Angst, Tod und Leid. Das bedeutet die Befreiung von dieser Welt und damit auch die Befreiung vom Labyrinth. Die Umkehr in der Mitte ermöglicht es, das Labyrinth letztendlich zu verlassen, es hinter sich zu lassen.

Eine der zentralen Aussagen des Christentums ist, dass der Mensch erlöst wird, wenn er umkehrt. Diese Umkehr wird verstanden als Hinwendung zum Glauben. Mit dieser Umkehr verbunden ist die Abwendung vom Bösen und die Hinwendung zum Guten.

Konzentration

Viele, die in ein Labyrinth hineingehen, berichten von der Erfahrung des »Raumwechsels«. Man betritt einen vollkommen abgeschlossenen Raum und verlässt den Raum, in dem man sich bisher befand. Die Sicherheit, nicht nach dem richtigen Weg suchen zu müssen, weil der einzig mögliche Weg vorgegeben ist, erlaubt eine rasche Konzentration nach innen.

In einem gut gebauten Labyrinth schwingt der Weg in einem Rhythmus hin und her, der eine Innenzentrierung unterstützt. Ebenso ermöglichen Wendungen im richtigen Radius eine Drehung um die eigene Mittelachse. Das Labyrinth kann durch einfaches Begehen einen Zustand der Konzentration schaffen, der bei anderen Entspannungstechniken viel Vorarbeit und Übung benötigt.

Stadtmauern

Manche Labyrinthe heißen »Trojaburg«. Dieser Name nimmt Bezug auf die antike Stadt Troja. Die gewaltigen Mauern dieser Stadt waren nur mit einer List zu bezwingen. Eine ähnliche Geschichte wird von Jericho erzählt, einer Stadt im alten Israel, die ebenso uneinnehmbar war und nur durch göttlichen Beistand bezwungen werden konnte. Noch eine dritte Stadt ist mit dem Labyrinth verbunden, und zwar Konstantinopel. Ein Geschichtsschreiber berichtet von einem Labyrinthtanz zur Stadtgründungsfeier.

Das Labyrinth symbolisiert die starken Mauern. Es ist ein Zeichen für Stärke und Uneinnehmbarkeit. Es ist auch ein Zeichen, dass wertvolle und wichtige Eroberungen echter und engagierter Mühe bedürfen.

Labyrinth auf der Außenmauer der Kirche in Seljord/Norwegen

Weg – Lebensweg

Die Wegsymbolik, das Labyrinth als Metapher für den menschlichen Lebensweg, ist die zentrale Bedeutung des Labyrinths.

Wer ein Labyrinth betritt, hat das Ziel bereits vor Augen. Die Distanz scheint nur kurz zu sein. Doch der Weg führt um die Mitte herum und dann sogar immer weiter weg, hinaus in die Wirrungen des Labyrinths. Langsam stellt sich die Frage ein, ob man überhaupt noch auf dem richtigen Weg ist, ob es noch sinnvoll ist weiterzugehen, wo das Ziel doch schon längst aus den Augen verloren ist.

Irgendwann gelangt man praktisch dort an, von wo man aufgebrochen ist. Kein Fortschritt ist zu erkennen. Weit ist man gegangen und nun ist man (fast) wieder beim Punkt Null, beim Ausgangspunkt. Aber jetzt biegt der Weg wieder zur Mitte. Und dann, auf einmal, unvermutet schnell, ist man am Ziel.

Die Distanz zwischen Ausgangspunkt und Ziel misst bei gotischen Kirchenlabyrinthen etwas über sechs Meter. Tatsächlich legt man ca. 240 Meter zurück. Der Weg ist 40-mal länger. Und es gibt auf diesem Weg keine Abkürzungen. Es muss alles gegangen, alles erfahren sein. Die einzige Alternative wäre stehen bleiben, den Weg verweigern. Aber das führt sicher nicht zum Ziel. Nichts kann ausgelassen und nichts übersprungen werden, keine Kehre und kein Umdenken, keine gute und keine schlechte Erfahrung, kein Tag und kein Schritt. Man geht und geht und hat doch das Gefühl, jedes Vorwärts führt zurück.

Das gotische Labyrinth zieht elf Kreise. Elf ist in der christlichen Zahlensymbolik die Zahl der Unvollkommenheit. Man geht den Weg zur Mitte immer als unvollkommener Mensch, mit allen Fehlern und Irrtümern. Aus diesem Horizont kann keiner ausbrechen, auch die nicht, die sich auf eine ehrliche und gläubige Suche begeben. Unvollkommenheit, ja Schuld gehören zum Weg des Menschen.

Das Labyrinth ist ein Hinweis darauf, dass der Weg des Menschen zu seiner eigenen Mitte ein anspruchsvoller Weg ist. Rasch und billig ist hier nichts zu haben. Wer wirklich sich selbst, den Sinn des Lebens, Gott erfahren will, der muss wissen, dass er sich auf etwas einlässt. Ohne die Bereitschaft, den Weg mit all seinen Kehren und in seiner ganzen unbekannten Länge auf sich zu nehmen, geht nichts.

Das Labyrinth ist ein Symbol des Lebens. Auch wenn das Leben geprägt ist von Unvollkommenheit, Leid, Entfremdung, Verwirrung, Erfolglosigkeit und Durststrecken, das Labyrinth ist eine Ermutigung und

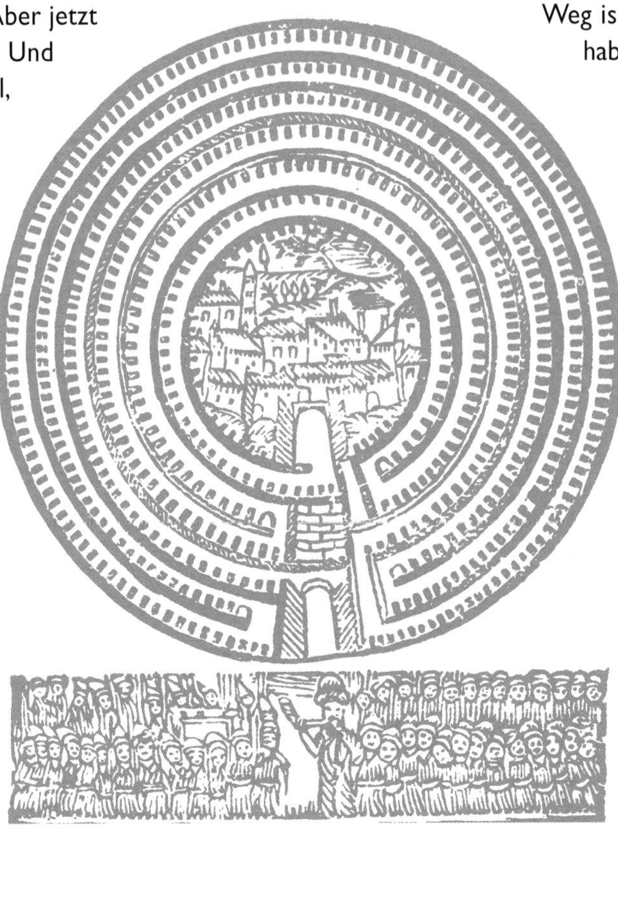

Jericholabyrinth aus einer italienischen Handschrift aus dem 9. Jh.

Labyrinthe können auch auf Planen oder Tücher gemalt und so ortsunabhängig verwendet werden

eine Einladung, sich auf den Weg zu machen. Es will ermutigen zu gehen und weiterzugehen, weil es ein Ziel gibt: Am Ende des Weges wartet die Mitte.

»Keiner ist so nahe, dass er nicht sehr weit weg kommen kann.
Keiner ist so weit weg, dass er nicht zur Mitte finden kann.
Nicht ein bestimmter Abschnitt des Weges ist ausschlaggebend, sondern der ganze Weg – Nähe und Ferne, Anfang und Ende.«

Nach einem Text von Wilhelm Müller

Das gotische oder mittelalterlich-christliche Labyrinth

Das Geheimnis vom Weg aus dem Labyrinth heraus

Das Labyrinth hat zwei Wege, den hinein in die Mitte und den heraus aus der Mitte. Theseus brauchte keine Hilfe, um in der Mitte den Minotaurus zu finden, aber er brauchte den Faden der Ariadne, um den Weg hinaus zu finden. Es ist leichter, zu einer Heldentat aufzubrechen, als zur Liebe. Der Weg hinein ist ein starker, ein spannender Weg auf ein Ziel zu. Der Weg heraus ist ein stiller, ein demütiger Weg. Man kennt ihn schon, und doch ist er wieder lang, für manche zu lang. Aber es braucht diese Zeit, diesen Weg zurück, um die bisherigen Erlebnisse zu bedenken und zu verinnerlichen. Wer den Weg heraus für unwichtig hält, eilt vielleicht als Held von Abenteuer zu Abenteuer, aber wird dabei doch nur unruhiger, unzufriedener und auch liebloser.

Der Weg heraus ist der Weg nach Hause. Das Abenteuer ist vollbracht, Erkenntnis ist gewonnen, aber jetzt erst kommt das Wichtigere. Wer aus der Labyrinthmitte herauseilt, über alle Begrenzungen steigt und dabei meint, dass ja die Mitte erreicht und damit alles schon erledigt ist, hat den wichtigeren Teil versäumt. Denn der Weg heraus führt zur Güte, zur Demut und zur Liebe.

Das Labyrinth erfahren

Wir nennen unsere Epoche das Informationszeitalter. Schulen, Universitäten, Wirtschaft, Politik und Kultur haben das gesprochene oder geschriebene Wort zum wichtigsten Medium gemacht, um einander etwas mitzuteilen. Angesprochen wird vor allem das durch Worte und Sätze abstrahierte Wissen. Die »Flut der Worte« ist inzwischen so groß geworden, dass das Interesse zuzuhören oder zu lesen bei vielen Menschen nachlässt.

In den Schulen sitzen oft 30 Kinder hinter ihren Tischen und bemühen sich den Worten eines »Wissenden« zu lauschen. Sie schreiben mit, um diese Worte möglichst genau zu wiederholen, wenn sie geprüft werden. Gelingt ihnen dieser Vorgang ausreichend, bekommen sie eine entsprechende Note und am Ende eine Bescheinigung, dass sie Informationen zu einem Fachgebiet ausreichend wiedergeben konnten. Ob sie wirklich Wissende geworden sind, danach fragt keiner.

Es stellt sich auch die Frage, wie sehr kann man überhaupt etwas be-greifen oder ver-stehen, das nicht mit den Händen oder Füßen gelernt wurde? Viele PädagogInnen sind sich einig, dass Begreifen immer etwas mit Greifen, mit Spüren zu tun hat. Was gespürt wurde, kann ganz anders begriffen werden, als es durch reine »Wortvermittlung« geschehen kann. Alle Verbesserungen im Bildungssystem müssen hier ansetzen.

Die Erfahrungen der Füße

Das Labyrinth ist ein Erfahrungssymbol. Es kann konstruiert, bemalt, mit den Fingern abgefahren oder abgegangen werden. Am stärksten werden die Grundaussagen beim Gehen spürbar.

In einen unübersichtlichen Weg eintreten, sich wenden, an den Rand geraten, unsicher werden, weitergehen, in der Mitte ankommen, umkehren, wieder hinausgehen – meist ganz unbewusst werden hier grundlegende Lebenserfahrungen gespürt. Füße, Körper und Sinne gehen einen Weg, der nicht zuerst verstanden werden muss, um erfahrbar zu sein. Diese Erfahrungen haben oft eine Qualität, die sich so einprägen kann, dass wirkliches Wissen daraus entsteht. Etwas geht in »Fleisch und Blut« über. Besonders Kinder haben einen spontanen und unreflektierten Zugang zu Symbolen.

Wenn Kinder ein Labyrinth sehen, gehen sie direkt darauf zu, benutzen es und fragen nicht lange, was es bedeutet. Sie nehmen die Aussage des Symbols auf, auch wenn sie nichts darüber erzählen könnten. Kinder braucht man nie mit Erklärungen zu überhäufen, sie haben das Wichtigste meist längst verstanden.

Erwachsene neigen eher dazu, etwas wissen zu wollen, es zu verstehen, es erklären zu können, etwas zu durchschauen. Selten lassen sie sich auf etwas Unbekanntes ein, ohne vorher Grundinformationen gesammelt zu haben.

Ein klassisches Labyrinth, aufgelegt aus Bachsteinen

Wer als Erwachsener oder mit Erwachsenen in das Labyrinththema einsteigt, wird bei der Kulturgeschichte beginnen und bei einer Einführung zum Thema: Was ist eigentlich ein Labyrinth?

»Wirkliche Symbole können nicht als Probleme gelöst werden.
Wir können vieles zu ihrer Geschichte, ihrem Gebrauch,
dem Spektrum ihrer Bedeutungen erforschen,
doch bleiben sie bei noch so gründlicher Erklärung
nie vollständig verstehbar. Ein Geheimnis, das durch Erklärung
lösbar wird, war nie eins.
Das Geheimnis muss erfahren, verehrt und ins eigene Leben
aufgenommen werden. Ein Symbol gehört niemals
nur dem bewussten Bereich an, sondern es verbindet
Bewusstes und Unbewusstes in sich.«

Nach Hubertus Halbfas

Theorie: Was ist ein Labyrinth?

Ein Labyrinth ist eine Figur, bei der ein verschlungener Weg, der von außen in ein Zentrum führt, die vorhandene Fläche kreuzungsfrei und größtmöglichst ausfüllt.

Von vielen theoretischen Möglichkeiten haben sich in der Kulturgeschichte nur drei Labyrinthtypen etabliert, nämlich die klassische (= kretische), die römische und die mittelalterlich-christliche (= gotische) Form. Von diesen Formen gibt es jedoch je nach Kulturkreis unzählige Abwandlungen und künstlerische Ausformungen.

Zum Wesen des Labyrinths gehört es auch, dass im Labyrinth ein Sinnbild, eine Botschaft verborgen ist, die sich je nach dem Zusammenhang, in dem das Labyrinth steht, deuten lässt. Ein »großes« Symbol lässt immer auch viele unterschiedliche Deutungen zu.

Hinführen

Die erste konkrete Begegnung mit dem Labyrinthsymbol kann unterschiedlich erfolgen. Man kann sich einfach eine Vorlage aussuchen oder in einer Gruppe verteilen und warten, was dem einem oder anderen so kommt oder was die Betreffenden damit anfangen.

- Will man es ausmalen, mit dem Finger abfahren, aufbauen oder sonst etwas? Welche Gedanken gehen einem durch den Sinn?
- Mit allgemeinen Fragen wird der Einstieg erleichtert: Was ist in diesen Linien zu sehen? Was im Leben ist wie ein Labyrinth? Was ist ein Labyrinth? Was bedeuten diese Linien? Was bedeuten das Kreuz, der Kreis, die Windung, die Farben etc.? Im Labyrinth geht es immer hin und her. Was geht noch hin und her? Wo ist die Mitte? (Im klassischen Labyrinth gibt es eine Kreismitte, eine Kreuzmitte und manchmal sogar eine dritte Mitte, wenn das Zentrum, in dem man ankommt, außerhalb der Kreismitte liegt.)
- Mit einem Buntstift kann der Weg durch ein Labyrinth nachgezeichnet werden.
- Ein meditativer und konzentrierter Zugang kann dadurch erfolgen, dass man ein Labyrinth hinter eine Klarsichtfolie gibt und versucht, einen eingefärbten Wassertropfen den Labyrinthweg entlangrinnen zu lassen.
- Man kann auch ein Labyrinth kopieren, in ein leeres zweites Blatt ein Loch stanzen und mit dem Loch den Labyrinthweg suchen. Das Deckblatt sollte in diesem Fall blickdicht sein.

Ein immer aufschlussreicher Einstieg mit einer Gruppe

Dieser Einstieg in das Arbeiten mit dem Labyrinth eignet sich in jeder Gruppe und wird auch nach vielen Wiederholungen nie langweilig.

Während die Teilnehmer ein vorgelegtes Labyrinth mit einem Stift ausmalen, sitzt der Leiter an einem günstigen Platz oder geht unauffällig umher und spitzt die Ohren. Er schreibt jede Bemerkung, die die Teilnehmer während des Ausmalens vor sich hin murmeln und die er vernehmen kann, auf. Zum Beispiel: »Da war ich schon einmal«, oder »Da kommt man ja nie an«. Wenn alle fertig sind, liest er die Meldungen vor und stellt folgende Verbindung her: Im wirklichen Leben ist es nicht anders. Diese Sätze sind sozusagen aus dem Leben gegriffen.

Anschließend können gezielte Fragen zum Einstieg in ein Gespräch gestellt werden: »Zu welchen Sätzen können wir eine reale Lebenserfahrung erzählen?« »Was sagt das Labyrinth aus, das wir im Leben nicht erfahren haben?«

Die Spirale

Die Spirale ist eine dem Labyrinth ähnliche, wesentlich einfachere Form, die sich als Einstieg in das Labyrinththema gut eignet. Die Spirale ist das allererste Symbol der Mitte und in vielen Kulturen das erste abstrakte Zeichen überhaupt.

Die Sahararegion etwa hatte vor ca. 10 000 Jahren ein wesentlich günstigeres Klima als heute und war ein bedeutender Kulturraum. Etliche Felsbilder zeigen neben der Tierwelt viele Arten von Spiralen. Es gibt Einer-, Zweier- und Dreierspiralen, manchmal sind auch zwei Fäden parallel eingedreht, wodurch eine Doppelspirale entsteht. Wahrscheinlich stellen diese Spiralen Mutter und Kind dar beziehungsweise Mutter, Vater und Kind.

In einem Raum mit Tannenzweigen, Schnüren oder beliebigem Material, im Freien mit Holzscheiten, Steinen, Kerzen oder Bändern, lässt sich ein Weg mit beliebig vielen Spiralkreisen auslegen. Themen wie »zur Mitte gelangen«, »etwas bringen«, »umkehren«, »etwas empfangen« können mit der Spirale erlebt werden. Wenn man zwei oder mehr Spiralen in Verbindung bringt, kann man weitere Themen, zum Beispiel Beziehungsthemen, aufgreifen.

Wenn nun mit dem Labyrinth weitergearbeitet wird, werden natürlich besonders die Unterschiede zwischen Spirale und Labyrinth deutlich.

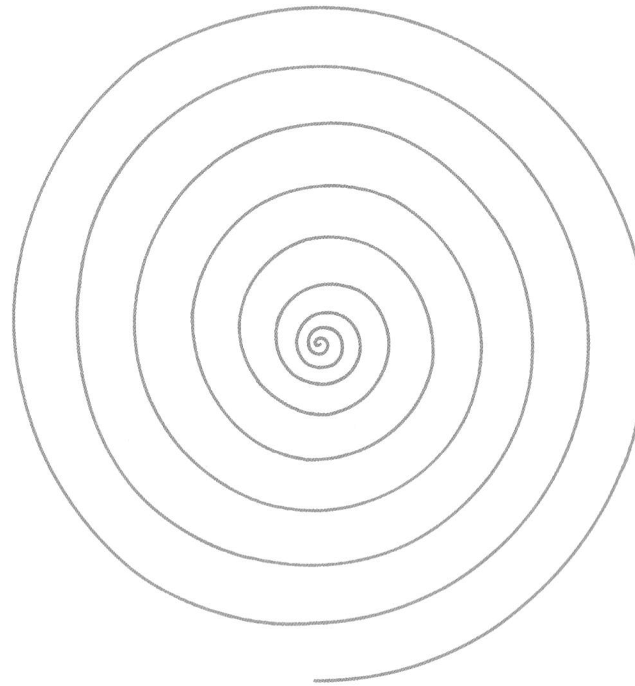

Die Spirale ist das allererste Symbol der Mitte

Der spontane Zugang

So reizvoll tiefsinnige Interpretationen sind, so hat doch nicht jeder dafür Interesse. Das macht auch nichts, denn es besteht ja keine Notwendigkeit, vor allem bei Kindern, immer alles zu erklären.

Ein aufgelegtes Labyrinth kann ganz ohne Einführung und Erklärung von alleine wirken.

Als ich einmal bei einer Gartenschau ein Labyrinth aufbaute, saß ich oft stundenlang daneben und beobachtete die Leute. Kinder haben keine Scheu und gehen einfach darauf los. Besonders die Kleinen wollen gar nicht mehr aufhören und gleich

Steinsetzung in der Nähe der verfallenen Stadt Kundani/Indien:
Klassische Labyrinthform mit Spirale in der Mitte

Klassisches Labyrinth mit der Mitte im Kreiszentrum

wieder losgehen, wenn sie am Ende angekommen sind. Ich sehe noch den dreijährigen Jungen vor mir, der mit seinem Vater verhandelte. »Zehnmal«, sagte er bittend. Der Vater schien sich sicher zu sein, dass die Sache bald beendet sein würde und stimmte zu. Etwa eine Stunde später sagte der Kleine: »Noch einmal zehnmal.« Dem sichtlich verwunderten Vater gelang es gerade noch, dies auf den nächsten Tag zu verschieben.

Viele bleiben am Eingang stehen, versuchen mit den Augen erst einmal den Weg abzugehen – was praktisch nie gelingt – und wagen sich nicht hinein. »Das dauert zu lange« und »Da verirre ich mich« sind die am häufigsten gehörten Sätze. Da nützt auch kein Plakat am Eingang, dass es nur vier Minuten dauert und man sich nicht verirren kann.

Es gibt aber auch viele, die in das Labyrinth hineingehen. Mir ist außer den kleinen Kindern keine weitere Gruppe aufgefallen, die irgendwie besonders heraussticht. Es sind alte Frauen darunter, junge Männer, Teenies und Familien, Manager und Obdachlose.

Eine Gruppe ist mir freilich doch aufgefallen, und sie ist zu meinem Erstaunen gar nicht so klein: nämlich die, die *nicht* das erste Mal ein Labyrinth begeht. Da freut man sich dann über Sätze wie: »Oh, ein Labyrinth, ein richtiges Labyrinth!«

Ein Labyrinth malen und gestalten

*D*as Labyrinth kann bemalt werden, indem man zuerst den Weg zur Mitte einzeichnet oder ausmalt. Oder man hat mehr die Gestaltung des Labyrinths im Blick und beginnt mit den Begrenzungslinien des Weges. Interessant ist auch die Konstruktion eines Labyrinths. Das klassische Labyrinth wird nach einem relativ einfachen und doch überraschenden System konstruiert. Praktisch jeder ist fasziniert davon. Anfangs machen viele meist kleine Fehler, weil man sehr genau sein muss. Aber fast alle versuchen es so lange, bis es geschafft ist.

Labyrinthe konstruieren

Das einfachste Labyrinth besteht aus nur drei Umgängen. Grundschema sind ein Kreuz und vier Punkte. Vom Kreuz aus wird zuerst ein Bogen zum oberen rechten Punkt gezogen und ein zweiter vom oberen linken Punkt zum rechten Ende der horizontalen Kreuzachse. Dann setzt man am linken Ende der horizontalen Kreuzachse an und fährt zum rechten unteren Punkt. Mit dem vierten Bogen ist das Labyrinth fertig.

Dieses einfachste aller Labyrinthe kommt jedoch in der Geschichte praktisch nicht vor und es stellt sich sogar die Frage, ob es überhaupt ein Labyrinth ist. Der Weg wendet sich zwar hin und her, aber immer nach innen.

Man könnte der Labyrinthdefinition noch ein weiteres Merkmal anfügen, nämlich dass sich der Weg in unregelmäßiger Abwechslung von der Mitte weg und zur Mitte hin wenden muss. Genau das ist im klassischen und allen anderen Labyrinthen der Fall.

Auf Tuch gemaltes Labyrinth

Konstruktionsplan für ein klassisches Labyrinth I

Grundschema für die Konstruktion eines klassischen Labyrinths mit sieben Umgängen ist ein Kreuz, dazu vier Ecken und vier Punkte. Vom Kreuzscheitel wird zur ersten Ecke ein Bogen gezogen. Dann ein Bogen nach dem anderen, wobei immer das nächste Eck oder der nächste Punkt mit dem nächsten freien Eck oder Punkt auf der anderen Seite verbunden wird. Wichtig ist dabei, darauf zu achten, dass nichts ausgelassen wird.

Konstruktionsplan für ein klassisches Labyrinth II

Es gibt noch eine etwas kompliziertere Konstruktionsmöglichkeit des klassischen Labyrinths, indem man auf die Ecken verzichtet und dafür die Linien um die Punkte herumführt. Durch diese Konstruktionsweise wird einem das Ineinandergreifen der Wege bewusster und das Hin- und Herschwingen der Wege kann mit der Hand nachvollzogen werden. Es ist aber eine größere Genauigkeit beim Einhalten der Linienabstände Voraussetzung für ein gelungenes Labyrinth.

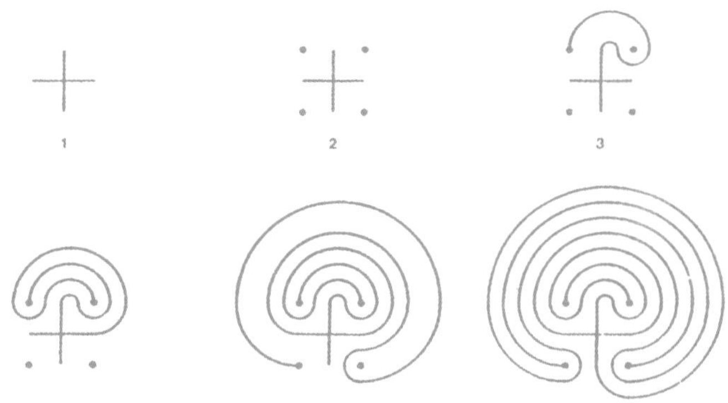

Konstruktionen mit mehr Umgängen

Die meisten skandinavischen Trojaburgen bestehen aus elf Umgängen. Dazu ist es notwendig, jeweils eine Ecke mehr zu verwenden. Zwei Ecken mehr ergeben 15 Umgänge oder ein 15-Pfade-Labyrinth.

Wen das Konstruktionsfieber gepackt hat, der wird es vielleicht auch bis 27 Umgänge oder mehr probieren. Auch das Erfinden neuer Labyrinthe ist reizvoll und man kann dabei entdecken, dass es mit einem Fünferstern und fünf Punkten funktioniert, mit einem Sechserstern und sechs Punkten aber nicht.

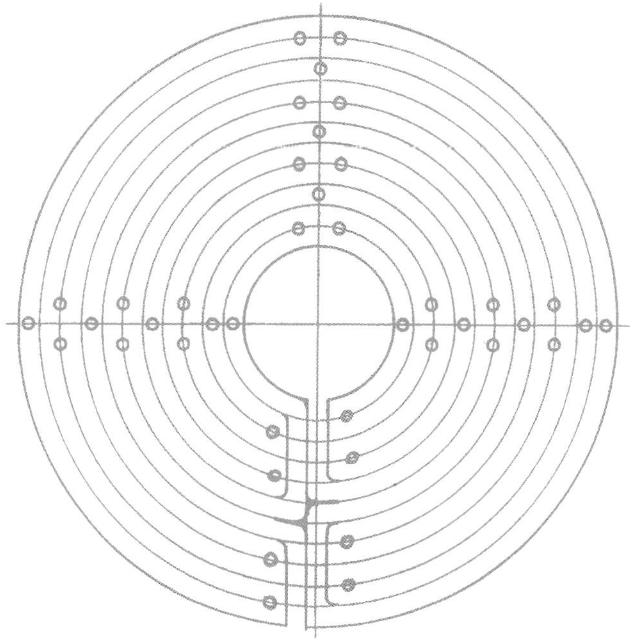

Grundschema für ein 15-Pfade-Labyrinth

Konstruktionsplan für ein gotisches Labyrinth

Die Konstruktion eines gotischen Labyrinths ist schwierig und gelingt nicht aus dem Handgelenk. Man beginnt mit einem Kreuz und zeichnet dann mit dem Zirkel in der Regel zwölf konzentrische Kreise. Für die Mitte ist dabei im Labyrinth von Chartres etwa ein Viertel des Gesamtdurchmessers vorgesehen. Nun zeichnet man den Eingangsbereich. Der erste Weg geht in den fünften Bogen hinein. Die eingetragenen Punkte zeigen an, wo der Weg die vorgegebenen Linien durchbrechen muss. Nun werden die Linienabschnitte, wo sich die Punkte befinden, gelöscht und das gotische Labyrinth ist entstanden (s. auch S. 35).

Malen mit dem Labyrinth

Das Labyrinth eignet sich auch sehr gut zum Bemalen. Mit Farben kann die momentane Stimmung ausgedrückt werden. Das selbst ausgemalte Labyrinth wird plastischer und verwandelt sich von der allgemeinen Vorlage zu »meinem« Bild. Die Art der Farben, die beim Bemalen gewählt werden, kann faszinierende Seelengeschichten entstehen lassen oder bei Kindern das meist unbewusste, aber tiefe Symbolverständnis hervorlocken.

Das Labyrinth als Mandala

Manche Labyrinthe lassen sich wie ein Mandala verwenden. Ein Mandala ist eine runde, auf eine Mitte zentrierte Form. Das Wort kommt aus der altindischen Sprache Sanskrit und bedeutet »Kreis«. Mandalas finden sich beinahe in jeder Religion oder Kultur: als Felszeichnung, als indianisches Medizinrad, als gotische Fensterrosette ...

Schulhoflabyrinth in Innsbruck-Amras

Das Ausmalen von Mandalas hat auf Menschen eine beruhigende Wirkung. Verschiedene Labyrinthe sind dafür geeignet, allerdings ist einzuräumen, dass die Form und die Linien eines Labyrinths immer auch etwas Spannendes haben und somit nicht ausschließlich beruhigend wirken, wie etwa streng symmetrische Muster. Auch wenn die meisten Labyrinthe auf den ersten Blick symmetrisch wirken, ist keines wirklich symmetrisch. Es ist sogar theoretisch unmöglich, ein symmetrisches Labyrinth zu konstruieren. In jedem Labyrinth steckt nicht nur die Harmonie des Kosmos, die in den Mandalas ausgedrückt werden soll, sondern auch die Unordnung der Welt und des menschlichen Lebens. Ein Labyrinth kann also auch sehr »aufregend« wirken.

Mit den Farben spielen

Es gibt viele Möglichkeiten, die Vorlagen mit Farben auszumalen: von innen nach außen, in frei gewählten Farben; von außen nach innen, immer heller werdend; entlang der Kreise oder entlang des Weges. Bei manchen Vorlagen kann man den Weg selbst und die Begrenzung ausmalen, manchmal nur den Weg.

Man kann auch versuchen, einen zusätzlichen symbolischen Inhalt mit den Farben auszudrücken, wie es beim Schulhoflabyrinth in Amras geschah.

Malaktion im Freien

Wer daran denkt, ein Labyrinth im Freien aufzumalen, sollte den Aufwand nicht unterschätzen. Aber mit guter Vorbereitung hat eine Schulklasse oder Jugendgruppe große Freude an einer solchen Aktion. Die Farben sollten unbedingt im Voraus ausgetestet werden. Am haltbarsten sind Straßenmarkierungsfarben, die aber aufgrund der Dämpfe für eine Arbeit mit Kindern ungeeignet sind. Es kann sich auch ein Versuch mit Fingerfarben lohnen. Falls es in den darauf folgenden 30 Stunden regnet, schwimmt alles davon. Wenn aber die Sonne kräftig auf das

Kunstwerk scheint und die Nacht nicht feucht ist, so halten Fingerfarben überraschend gut. Alle Farben blättern jedoch im Winter ab. Da hilft nur nachmalen. Falls jemand eine besonders gute Farbe oder eine neue Technik findet, würde es mich freuen, davon zu hören.

Das Schulhoflabyrinth von Amras

Viele Schulvorplätze empfangen die Menschen in schlichtem Grau. Meist erkennt man ein Schulgebäude nur an seiner stallungsähnlichen Architektur und an einigen Scherenschnittschneeflocken an den Fenstern. Wenige Kindergärten und Schulen wagen sich mit Farbe in die Umgebung.

Nicht eine Einmalaktion, sondern etwas Buntes, das die Kinder länger benützen, wollte die Schulleiterin der Volksschule Amras und entschied sich für ein Labyrinth.

»Wenn ich mich am Morgen meiner Schule nähere, höre ich Kinderlachen und Kindergeschrei. Es sind die Schüler, die auf das Einlassklingelzeichen warten. Sie sind beschäftigt mit dem Durchschreiten, Durchlaufen unseres Labyrinthes, eines bunten, auf den Boden gezeichneten Farbbandes. Vor allem die Kleinen trippeln gerne die 50 Meter ab. Dasselbe Bild sieht man in der 15-minütigen Pause. Wer ist schneller? Wer kann geschickt ausweichen? Wer kann überholen, ohne den Spielpartner zu berühren? Kinder erfinden gerne, sind kreativ. Für unsere Handycapkinder ist es ein wichtiges Bewegungsspiel im Freien. Beim Schreiben muss oft die Hand einen Richtungswechsel vollführen, um ein Wort zu Papier zu bringen. Beim Durchschreiten des Labyrinthes erlebt das Kind dieselbe ständige Änderung des Weges – der Richtungswechsel im Schriftzug wird körperlich nachvollzogen. Unser Labyrinth ist eine Bereicherung, ein Lehrmittel im Freien, das auch nach den Unterrichtszeiten Schülern wie Erwachsenen zur Verfügung steht.«

Margarete Habringer, ehemalige Schulleiterin der Volksschule Amras

Andere Möglichkeiten, ein Labyrinth herzustellen

Material	*Werkzeug*
Holz	Schnitzmesser, ausbrennen mit Lötkolben
Ton	Ritzstift
Stoff	Verschiedene Stoffe, Klebstoff oder Applizieren: Aufnähen von Stoffen
Wolle Schnüre	Klebstoff
Steingravuren	Speckstein, Ritzwerkzeuge
Steinbilder Glaskugeln	Wasserfeste Malstifte oder Lacke
Wandbilder	Kork oder ähnliche Materialien aufkleben und ausschneiden oder Plakat zuerst ausschneiden und mit Tapetenkleister ankleben
Samenbilder	Gewünschte Form vorkleben und Samen (Sand, Kaffeebohnen, Reise, Blütenblätter) aufstreuen
Fühlbilder	Samtstoff oder Kork auf Platte kleben und Labyrinth mit Teppichmesser ausschneiden

Ein Labyrinth bauen

Die kleine Variante des gotischen Labyrinths (sieben Umgänge), wie sie gerne mit Holz und Steinen aufgelegt wird

Das Labyrinth ist vor allem ein Symbol des Lebensweges, des Unterwegsseins. Deshalb ist auch das Erlebnis und die Kraft des Labyrinths am besten erfahrbar, indem man ein Labyrinth begeht. Ein Labyrinth zu bauen ist demnach die »Königsdisziplin« im Umgang mit dem Labyrinth. Ein gemeinsamer Labyrinthbau kann zu einem schönen und unvergesslichen Gemeinschaftserlebnis werden.

Die Wahl des Ortes

Jeder Mensch hat ein natürliches Gespür für einen guten Platz.

Es genügt, seinem eigenen Gefühl für den richtigen Ort zu vertrauen, wobei es notwendig ist, diesem intuitiven Wissen eine Zeit lang volle Aufmerksamkeit zu schenken. Wer diese Gabe bei sich verkümmern hat lassen oder ein Perfektionist ist, kann einen geomantischen Spezialisten hinzuziehen, der Erdströme und Wasseradern ausfindig machen kann, der vor allem aber sein natürliches Gespür für Orte und deren Ausstrahlung bewusst geschult hat.

Leider ist es in den seltensten Fällen möglich, das Labyrinth genau dorthin zu bauen, wo der Ort die richtige Atmosphäre dazu hat. Zu viele Zwänge schränken die Auswahl ein und man muss leider zu oft auf den einzigen Platz ausweichen, der nicht von anderen Interessen belegt ist. Gerade bei fix installierten Labyrinthen sollte jedoch unbedingt der Mut vorhanden sein, auf den Bau ganz zu verzichten, wenn der Ort einfach nicht passt.

Auswahlkriterien

- Entspanntes und konzentriertes Gehen im Labyrinth benötigt einen gewissen Freiraum. Das Gefühl der Beengung darf nicht aufkommen. Ist der nächste Zaun, die nächste Mauer oder Hecke vom Labyrinth weit genug entfernt?
- Kann man das Labyrinth zu gewissen Zeiten »geschützt« gehen, ohne dabei beobachtet zu werden? Es sollte nicht zu viele Fenster in Sichtweite geben. (Freilich kann ein Labyrinth, das hauptsächlich von Kindern benützt wird, gerade deshalb »gut liegen«.)
- Wenn der Platz keine Ausrichtung des Labyrinths vorgibt, sollte eine West-Ost- Ausrichtung überlegt werden. Der Eingang ist in der Regel im Westen. Westen als Ort des Sonnenuntergangs wird immer als Ende, Tod, Welt verstanden. Das Labyrinth führt davon weg Richtung Osten, Richtung Leben.
- Worauf fällt der Blick hinter dem Labyrinth, wenn man in der Mitte steht? Ein markanter Baum wäre ideal.
- Kann man das Labyrinth von einem erhöhten Punkt aus betrachten?
- Hat der Platz auch ohne Labyrinth eine »heimelige« Atmosphäre?

Der Schutz des heiligen Raumes

Jedes Labyrinth markiert einen besonderen Ort. Jedes Labyrinth übt eine »magische Anziehungskraft« aus, der sich niemand entziehen kann.

Kinder reagieren in der Regel am direktesten auf Labyrinthe. Sie stürmen darauf zu und hinein. Sie haben keine Angst, etwas falsch zu machen. Genau dieses Gefühl hält viele Erwachsene ab, ihrer inneren Lust zu folgen und es einfach zu versuchen. So bleiben viele am Rand stehen und beobachten lieber die Kinder.

Wenn mit einer Gruppe diese Barriere überwunden werden soll, muss der Ort entsprechend vorbereitet sein. Je tiefer gehende und intimere Erfahrungen möglich sein sollen, desto mehr Aufmerksamkeit benötigt auch die entsprechende Gestaltung des Ortes und seiner Umgebung.

Heilige Orte oder Räume sind überall dort, wo der Mensch mit sich selbst, seinem Inneren und mit der geistigen Welt in Berührung kommt. Wenn das Labyrinth als Weg nach innen, als Weisheitsweg, als geistiges Werkzeug verwendet werden soll, müssen entsprechende Vorkehrungen getroffen werden, um das Labyrinth als heiligen Ort zu schützen.

Die Angst, sich möglicherweise zu verirren, muss ausgeschlossen werden. Eine Erklärung, was das Labyrinth ist, ist dazu eine notwendige Voraussetzung.

Die Gruppenatmosphäre muss ein Grundmaß an Vertrautheit vermitteln, das heißt, die Teilnehmer müssen sich ein wenig kennen.

Das Labyrinth selbst muss so geschützt werden, dass kein störender Einfluss von außen erfolgt. Eventuell müssen sogar Schutzwände aufgestellt werden, um fremde Beobachter »auszuschalten«, wenn diese zu nahe an das Labyrinth herankönnen. Unabhängig davon werden Menschen, die nicht gestört werden wollen, dies unbewusst der Umwelt signalisieren.

Es hat sich gezeigt, dass der Mindestschutzraum etwa 20 Meter beträgt, weil man ab dieser Entfernung weder die Kommentare eventueller Zuschauer hört noch deren Gestik sieht und sich deshalb auch nicht gestört fühlt.

Bei Nacht verringert sich diese Distanz. Wenn man das Labyrinth selber aufbaut, wird man daher einen Ort wählen, der von Unbeteiligten nicht innerhalb der Schutzzone einsehbar ist.

Die Gestaltung der Mitte

Die Mitte des Labyrinths ist ein besonderer Ort. Wer eine Zeit lang neben einem begehbaren Labyrinth sitzt, kann beobachten, dass seltsame Dinge passieren, wenn Menschen die Mitte erreichen. Kinder reißen die Arme hoch, Jugendliche

Im Labyrinth kann man sich selbst entdecken

springen hinein, Erwachsene atmen laut auf, Gruppen umarmen sich oder stimmen ein Lied an. Manche runzeln auch nur einfach die Stirne und heben die Hände, um damit auszudrücken: »Und was jetzt?« Zu irgendeiner Reaktion jedenfalls bewegt die Mitte praktisch jeden.

Diese »Bewegtheit« kann durch eine besondere Gestaltung der Mitte verstärkt oder in eine gewünschte Richtung gelenkt werden.

Ankommen

Die Mitte ist das augenscheinliche Ziel des Labyrinths. Nur wer sich intensiver mit dem Labyrinth befasst hat, weiß, dass die Mitte nur das Ziel der ersten Etappe ist. Die Mitte erreicht zu haben löst ein Gefühl des Glücks und der Zufriedenheit aus: Ich habe es geschafft, ich bin angekommen!

Das Ankommen kann verstärkt werden durch eine besonders schöne Gestaltung der Mitte. Ziermuster, Blumen, Farbgestaltungen können den Zielort schmücken. Wenn in der Mitte eine Figur aufgestellt wird, sich ein Bild befindet oder ein Baum gepflanzt wird, kommt man bei jemandem an, der schon da ist.

Ein Baum in der Mitte wird fast von allen Ankommenden berührt. Er wird als etwas Besonderes empfunden, er wird begrüßt, manchmal sogar personifiziert. Wenn genug Platz ist, kann ein Sitz oder eine Bank die Ankommenden einladen, es sich in der Mitte gemütlich zu machen.

Kindern genügt oft ein mit Rindenmulch aufgefüllter Kreis. Sie lassen sich nieder, wie zu einem Picknick, und bleiben lange in der Mitte, in der sie sich offensichtlich geborgen fühlen.

Erfrischung

Die Mitte ist ein Ort, der bewusst willkommen heißen kann, etwa indem er eine Erfrischung anbietet. Eine Schale Wasser oder ein Brunnen bieten diese Möglichkeit. Diese Quelle kann symbolisch dargestellt werden, durch ein Foto oder Mosaik, wie im Palazzo del Tè in Mantua, besser aber ist freilich echtes, trinkbares Wasser.

Zu bedenken ist aber auch, dass ein fixer Brunnen die Mitte verstellt und man sie daher nicht mehr betreten kann. Aus diesem Grund haben viele Labyrinthprojektgruppen, die einen Brunnen in der Mitte des Labyrinths gewünscht hatten, diesen letztlich neben dem Eingangsbereich aufgestellt.

Erkenntnis

Das Labyrinth kann als Einkehrweg verwendet werden. Das ganze Leben oder das vergangene Leben bis zum Jetzt oder ein Abschnitt daraus wird bedacht, während man die Windungen entlanggeht. In der Mitte ist der Ort erreicht, an dem man sich gerade befindet. Die Mitte kann rufen: »Sieh dich an«, oder »Das war gut, das nicht!«

Leonardo da Vinci hat eine Labyrinthmitte entworfen, die aufgrund der technischen Möglichkeiten seiner Zeit nicht ausgeführt wurde: einen sechseckigen, mannshohen Spiegel, der den Menschen in der Mitte von allen Seiten sichtbar macht. »Das bist du«, sagt der Spiegel und fordert auf weiter zu schauen als bis an den Rand der Kleidung.

Wenn in die Labyrinthmitte ein Spiegel gelegt wird – ich verwende manchmal einen normalen Badezimmerspiegel, den ich mit einem Tuch abdecke –, kann die Selbsterkenntnis auch unter ein spezielles Thema gestellt werden.

Im Labyrinth »Das Sonnenrad« (s. S. 45) ist der Spiegel in der Mitte eine goldene Scheibe. Sie leuchtet dem Wanderer schon am Weg hinein entgegen. Sie spiegelt den Himmel und erleuchtet den Angekommenen mit goldenen Strahlen. Erkenntnis und Erleuchtung sind eng verbunden. Hier liegt die Bedeutung des Spiegels mehr auf Zweiterem: Wer erkennt und umkehrt, trägt das Licht der Sonne mit sich.

Der Mittelstein des Labyrinths von Ravenna ist ein schwarzweiß durchzogener Marmor. Gutes und Schlechtes sind im Menschenherz unentwirrbar ineinander verwoben. Und dennoch lässt sich das Dunkle vom Hellen unterscheiden. Die Gabe der Unterscheidung ist kostbar und unentbehrlich für alle, die nach einem guten Weg suchen.

Umkehr

Die Mitte ist der einzige Ort im Labyrinth, der zur Umkehr nötigt. Wer nicht vom Labyrinth gefangen werden will, muss umkehren, sich wenden, zurückgehen. Umkehr ist für alle Menschen der Anfang der Weisheit, der entscheidende Schritt zur Erlösung. Wenn ein Labyrinth so konstruiert wird, dass die Mitte nicht abgerundet wird, sondern eine enge, kantige Sackgasse bildet, so wird das bewusste Sich-wenden-Müssen verstärkt.

Kirchenlabyrinthe beziehen die Umgebung des Labyrinths in das Gesamterlebnis mit ein. Wenn die Mitte erreicht wird, fällt der Blick auf etwas. In der Regel ist es der Altar und im Zentralbereich des Altars befindet sich meist ein gekreuzigter Christus. Ein Wegwenden von der Kreuzesfigur kann auch als ein Hinwenden zum Auferstandenen verstanden werden.

Als ich das Labyrinth in der Kathedrale von St. Quentin das erste Mal ging, fand gerade ein Begräbnis statt. Die Feierlichkeit fand weit vorne beim Altar statt, während ich das Labyrinth

Mittelstein des Labyrinths von Ravenna/Italien

ohne zu stören abschreiten konnte. Als ich die Mitte erreichte, fiel mein Blick auf den Sarg. Dieses besondere Zusammentreffen der Umstände ermöglichte mir eindrücklich zu erleben, was meine Umkehr bedeuten kann.

Bringen

Das Labyrinth »Das Sonnenrad« wurde mit Blumen bepflanzt. Als ich eines Tages vorbeikam, war die Messingscheibe in der Mitte mit Blumenköpfen übersät. Kinder hatten sie am Weg hinein abgerissen und der Mitte gebracht.

Zufällig bildet der Mittelstein des mit Steinen gebauten Labyrinths von Loipersdorf in der Südsteiermark eine Mulde.

Innerhalb kürzester Zeit war diese Mulde mit Geldstücken gefüllt. Offenbar ist es ein intensives Verlangen des Menschen, beim Ankommen etwas zu bringen, etwas dazulassen, etwas loszulassen. Eine bewusst gestaltete Vorrichtung, etwa um Briefe oder Geld einzuwerfen, würde dieses Verlangen unterstützen. Im Rahmen einer Arbeit mit einer Gruppe kann dieses Bringen eingebaut werden, indem im Voraus Anliegen, Sorgen, Eigenschaften usw. auf Zettel geschrieben werden, die im Labyrinth zurückgelassen werden.

Empfangen

Genauso schön wie Geben ist Empfangen. Ein Korb in der Mitte mit Bonbons für die Kinder, guten Gedanken für die Erwachsenen oder Herausforderungen für die Seminarteilnehmer lässt das Empfangen sichtbar werden. Sehr beliebt ist die brennende Kerze in der Mitte, an der man die eigene Kerze anzünden kann und so das Licht empfängt und mitnimmt.

Ein Labyrinth auflegen oder aufkleben

Soll ein klassisches Labyrinth aufgelegt werden, zieht man zuerst sieben Halbkreise im gewünschten Abstand, die die obere Hälfte des Labyrinths bilden. Dann wird das Kreuz gesetzt und die Bögen, die zum Kreuz führen, werden mit diesem verbunden. Zuletzt werden die anderen Bögen unter Zuhilfenahme der Vorlage Nr. 1 und des Augenmaßes miteinander verbunden.

Ein Labyrinth kann gut mit Kreppklebeband aufgebracht werden. Die Bänder passen sich den Rundungen an und können einfach wieder entfernt werden. Andere Bänder halten oft besser, aber müssen »in die Kurve gezwungen« werden. Die Oberfläche muss sauber und trocken sein. Wenn man sich nicht sicher ist, ob das Band hält, zum Beispiel auf unversiegeltem Beton, sollte man unbedingt vorher eine »Testklebung« machen.

Aufkleben oder Auflegen eines Labyrinths vom Typ Chartres

Das originale Labyrinth von Chartres hat einen Durchmesser von ca. 13 Meter. Will man genug Platz haben, so sollte man sich nicht scheuen, es auch doppelt so groß zu machen. Dabei unterschätzt man leicht den Materialbedarf. Zu einer Neujahrsfeier wurde in St. Louis ein im Durchmesser 30 Meter großes Labyrinth in einer Halle aufgeklebt. Dazu wurden 5 Zentimeter breite Bänder in einer Länge von 780 Meter verarbeitet. Also genügend Bänder kaufen!

Des Weiteren braucht man eine Schnur, ein Maßband und für den, der klebt, sind Knieschützer (Rollerskater fragen!) sehr zu empfehlen.

Falls man in den Boden keinen Nagel schlagen darf, kann man die Schnur in der Mitte auch festkleben. Die Schnur muss 360° frei drehbar sein. Mit einem Stück Klebestreifen werden nun die Abstände der zwölf konzentrischen Kreise an der Schnur markiert. Der erste Abstand für den Innenkreis beträgt ca. ein Viertel des Gesamtradius.

Messvorschlag:
1. Abstand: 3,5 Meter; dann immer 95 Zentimeter x 11 = Gesamtradius 14 Meter = Durchmesser 28 Meter

Falls der Durchmesser geringer ausfallen soll, kann man entsprechend zurückrechnen.

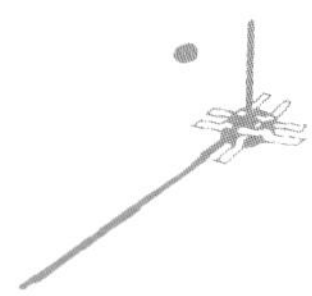

1. Die Mitte befestigen

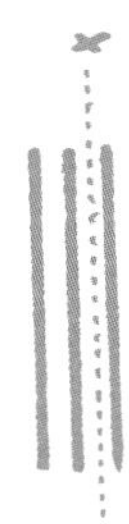

2. Die Eingangswege festlegen

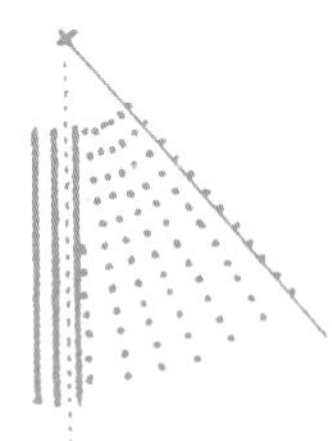

3. Die Kreise markieren

Das Markierungsseil wird am Boden aufgelegt und Helfer kleben kleine Streifen bei den Markierungen des Seils auf den Boden. Ein paar Schritte weitergehen und die Prozedur im Kreis rundum wiederholen. Nun werden die konzentrischen Kreise durchgehend aufgeklebt. Anschließend werden die Wendungen eingeklebt, wozu man sich am Plan orientieren muss. Achtung: Kein Labyrinth ist symmetrisch!

Überall wo die Wendungen markiert wurden, werden die Wege geöffnet, auch im Eingangsbereich müssen aus dem Plan ersichtliche Verbindungen geschaffen werden. Nun ist das Labyrinth fertig.

Man kann aber auch noch einige Feinheiten dazufügen. Besonders schön sind die »Blumenblätter« der Rose im Labyrinth von Chartres. Zuerst wird der Eingangsweg hineinverlängert, ein Markierungspunkt wird oben in der Mitte platziert, die anderen vier können nun mit Augenmaß in den verbleibenden Radius hineinberechnet werden.

Die Extraarbeit wird durch die besondere Ausstrahlung der Mitte belohnt. Viele setzen sich in diese Blüte und halten inne, um das Zentrum des Weges auszukosten.

Das Labyrinth von Chartres hat 113 rätselhafte Strahlen oder Zähne. Auch diese können noch hinzugefügt werden. Der Abstand der einzelnen Strahlen voneinander wird so berechnet: Durchmesser x π : 114 (ein Strahl fehlt beim Eingang).

Anleitungen zum Bau von Schnee- oder Kerzenlabyrinthen

Schnee ermöglicht auf eine einfache und billige Art, ein Labyrinth zu bauen. Alles, was man dazu braucht, ist ein wenig Geschick, die Bögen und Wendungen des Labyrinths so auszutreten, dass sie einigermaßen rund sind und man nicht aus Unachtsamkeit einen falschen Bogen legt. Ein Kerzenlabyrinth im Schnee kann eine Adventsfeier besonders feierlich werden lassen. Die Mitte sollte in diesem Fall groß genug geplant werden, denn wenn die Atmosphäre gut ist, steht man in der Mitte noch gerne zusammen, um zum Beispiel ein paar Lieder anzustimmen.

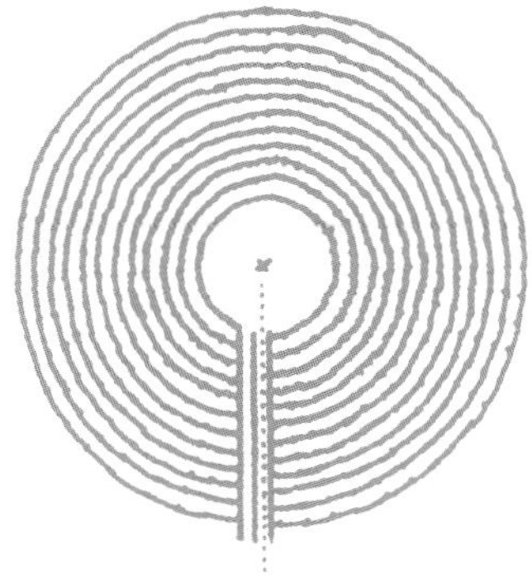

4. Konzentrische Kreise aufkleben

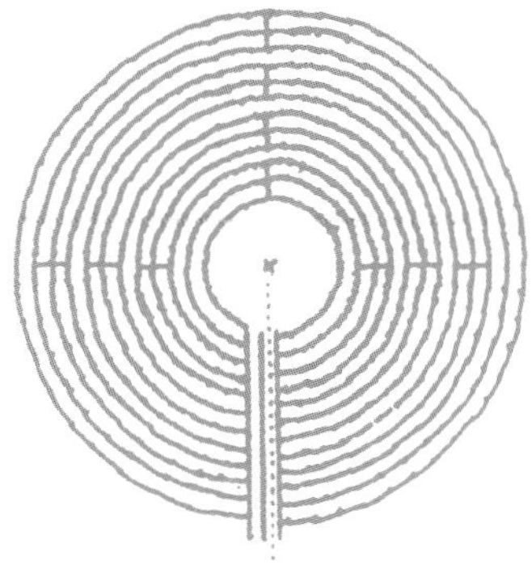

5. Wendungen markieren

6. Verbindungen öffnen

7. Blütenblätterkreuze

8. Die Rosenblätter

9. Das komplette Labyrinth

Vorlage für ein Kerzenlabyrinth mit vier Umgängen und einem eigenen Ausgang

Vorbereitung

Vorüberlegungen

– Wie viel Platz steht zur Verfügung?
  Für jeden Umgang wird ungefähr ein Meter gebraucht, für die Mitte sind es mindestens zwei.
  Für ein Labyrinth mit fünf Umgängen heißt das: 5 x 1 Meter + 2 Meter + 5 x 1 Meter = 12 Meter Durchmesser.
– Wie lange soll der Weg im Labyrinth sein?
  Es besteht die Möglichkeit, Labyrinthe mit vier, fünf, sechs, sieben und mehr Umgängen zu bauen. In der Regel sind fünf bis sieben Umgänge am besten. Wenn man aber viel Zeit hat, ist auch ein größeres Labyrinth sehr reizvoll (zum Beispiel elf Umgänge mit zwei Eingängen).
  Bei einem Kerzenlabyrinth spielt natürlich die zur Verfügung stehende Anzahl der Kerzen eine große Rolle. Rein aus Kostengründen wird man vielleicht mit vier Umgängen zufrieden sein.
– Wird das Labyrinth von Einzelnen in einem größeren Zeitraum oder von einer Gruppe zu etwa der gleichen Zeit verwendet? In ersterem Fall kann ein »geschlossenes« Labyrinth (klassischer Typ) angebrachter sein, das heißt: ein Weg hinein, der gleiche heraus. Bei einer zeitgleichen Verwendung durch mehrere Personen empfehle ich hingegen ein »offenes« Labyrinth, das heißt: Aus der Mitte führt ein eigener Ausgang.

Vorbereitungen (Material)
– Schneelabyrinth: Plan, Stock und Schnur
– Kerzenlabyrinth: Plan, Stock (Schraubenzieher), Schnur, Kerzen, Gasbrenner (Lötstift)

Als Kerzen sind besonders die so genannten Partylichter zu empfehlen: in Alutassen gegossene Fackeln mit dickem Docht. Schwerer zu finden, aber unbedingt zu empfehlen, sind solche ohne »Antimückenmittel«. Von 300 »Mückenvertreibern« kann auch ein Mensch ganz schön benebelt werden.

Bei diesen Partyfackeln ist jedoch auf etwas besonders zu achten: Sie brennen bei leichtem Regen auch noch relativ gut, aber sobald eine gewisse kritische Marke im Verhältnis Wachs und Wasser in der Alutasse erreicht ist, können sie sich zu ziemlich explosiven Fackeln mit Stichflammen bis zu einem Meter Höhe entwickeln. Vor allem, wenn man hineinbläst. Daher ist bei Regen frühzeitig das Feuer zu löschen. Sind die Partylichter einmal nass geworden, sind sie auch nicht mehr zu verwenden.

Sehr gut bewährt haben sich auch größere Teelichter in Papiertüten. Die Papiertüten, die ich verwende, habe ich von einer Zulieferfirma an Kinos bekommen, die Popcorntüten herstellt. Bei Wind muss aber zusätzlich die Tüte beschwert werden, zum Beispiel, indem man etwas Sand einfüllt. Aufgrund möglichen Windes im Freien lassen sich sonst nur Grabkerzen verwenden, die aber »Friedhofsatmosphäre« verbreiten können.

Eine Möglichkeit wäre auch, Teelichter in Tassen aus Pappe zu stellen. Das verbilligt das Labyrinth ungemein. Hier findet man aber meist nur durch Zufall etwas Passendes.

Lichterlabyrinth in der Osternacht mit Teelichtern in Papiertüten
am Vorplatz der Kirche Neurum bei Innsbruck

Jede Form des Labyrinthbauens bedeutet eine Materialschlacht. Die Kerzen müssen im Abstand von höchstens 60 Zentimetern aufgestellt werden, im Kurvenbereich enger. Das bedeutet, dass ein Labyrinth mit vier Umgängen mindestens 160 Kerzen benötigt (fünf Umgänge 200, sechs Umgänge 270, sieben Umgänge 350 Kerzen). Je enger die Kerzen gesetzt sind, desto schöner schaut das Lichterlabyrinth aus.

Schneelabyrinth

Für das Schneelabyrinth braucht man einen »Wegplan«. Der Weg, den man geht, soll ersichtlich sein, nicht die Begrenzung (siehe zum Beispiel Ariadnefaden, Vorlage 3). Wenn ein Plan verwendet wird, der die Wegbegrenzungen zeigt, so empfiehlt es sich unbedingt, den Weg, den man austritt, rot einzuzeichnen. Die vielen Linien verwirren einen sonst möglicherweise gerade im entscheidenden Augenblick.

Es mag sein, dass jeder, der öfter ein Labyrinth aufbaut, eine eigene Technik entwickelt. Ich mache es jedenfalls so:

Ich gehe am Platz an den linken Rand des geplanten Labyrinths und trete mit seitlichen Schritten im Abstand von ca. einem Meter in die Mitte. Bei einem Labyrinth mit fünf Umgängen also fünfmal plus zweimal für die Mitte. Ich mache die Mitte immer sehr groß. Dann trete ich die Mitte kreisrund aus.

Als Nächstes wird der Stock in die Mitte eingestochen, die Schnur daran befestigt, und ich trete mit der Schnur in der Hand in den ersten Bogen neben der Mitte. Jetzt trete ich alle Bögen der Reihe nach aus, aber immer nur die obere Hälfte und ein wenig dazu (zusätzlich ca. ein Sechstel des Kreisumfangs in die untere Hälfte des Kreises hinein).

Bei einem offenen Labyrinth trete ich dann den Weg aus der Mitte heraus. Anschließend verbinde ich die einzelnen Bögen. Dazu brauche ich keine Schnur mehr, das Augenmaß genügt mir.

Sandlabyrinth

Alles, was über das Schneelabyrinth gesagt wurde, funktioniert natürlich ganz genauso an einem Sandstrand. Der einzige Unterschied ist, dass man je nach Art des Sandes mehr Hilfsmittel (Schaufel, Kratzstock etc.) benötigt. Bei weichem Sand hat mir der Deckel meiner Kühlbox schon gute Dienste geleistet.

Vorlage für ein Schneelabyrinth mit fünf Umgängen

Kerzenlabyrinth

Für das Kerzenlabyrinth wird ein Plan benötigt, der die Wegbegrenzungen zeigt.

Ich lege die Mitte fest, steche den Schraubenzieher oder Nagel in die Mitte und befestige die Schnur daran. Dann gehe ich mit der Schnur in der Hand den äußersten Kreis ab, um zu sehen, wie groß das Labyrinth werden wird. Oft gibt der Platz eine Höchstgrenze vor, und erst mit diesem Wissen kann ich berechnen, für wie viele Umgänge ich überhaupt Platz habe. Für einen Umgang rechne ich zwischen mindestens 80 und höchstens 150 Zentimetern. Habe ich meine Umgangszahl berechnet, lege ich ein Maßband aus, nehme eine Gartenhacke oder einen Schraubenzieher, wickle die Schnur darum und kratze die Bögen ins Gras oder in den Kies. Die Bögen werden leicht, aber

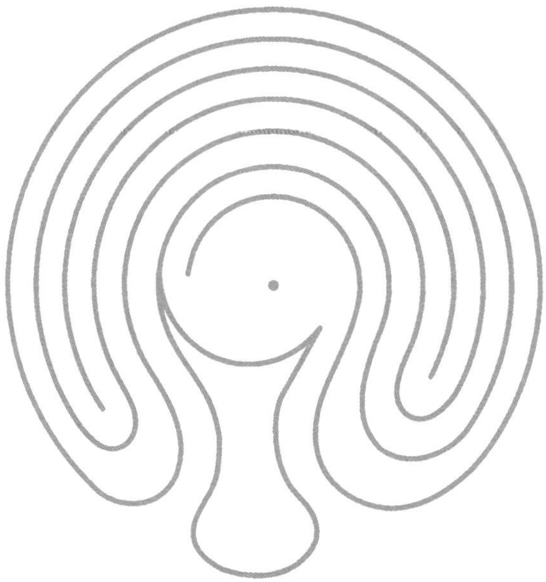

Vorlage für ein Kerzenlabyrinth mit sechs Umgängen und einem eigenen Ausgang

unverkennbar sichtbar. Auf Stein arbeite ich mit Wachskreisen, um die Linien leicht sichtbar zu machen.

Wieder beginne ich von außen nach innen die Kerzen aufzulegen, und zwar alle Bögen der oberen Hälfte und etwas mehr (s. S. 38, linke Spalte). Gut ist hier das Arbeiten zu zweit. Einer reicht die Kerzen, der andere legt sie in Schrittabstand auf. Je weiter draußen, desto größere Abstände können zwischen den Kerzen gewählt werden. Anschließend werden wieder die Wendungen und ein eventueller Ausgang gelegt.

Für ein 5-Umgänge-Labyrinth benötige ich etwa 45 Minuten zum Auflegen und noch einmal so viel Zeit zum Anzünden. Das aber erst ab dem zweiten Mal! Beim ersten Mal sollte man die doppelte Zeit kalkulieren! Nicht vergessen: Ohne Gasbrenner ist man »aufgeschmissen«!

Da bei einem Kerzenlabyrinth der Kostenfaktor eine Rolle spielt, kann man gleich nach der Aktion die Kerzen löschen und die Fackeln ein zweites und drittes Mal verwenden.

Kerzenlabyrinth in Innenräumen

Auch in Innenräumen lassen sich Kerzenlabyrinthe praktisch gefahrlos gestalten. Am einfachsten ist es, Teelichter aufzustellen. Ihr Nachteil sind die unvermeidbaren Wachsflecken. Aber wenn man die Teelichter in einen Behälter stellt, braucht man wegen des Lampenschirmeffekts erstens weniger Lichter, zweitens kann das Wachsproblem minimiert werden. Wiederum haben sich gerade stehende Papiertüten und auch Jogurtbecher (besser die großen als die kleinen) sehr bewährt. An Einmachgläser sollte nur jemand denken, der viele Helfer hat. Ein besonders schöner Effekt kann erzielt werden, wenn Teelichter auf alte CDs gestellt werden.

Das Labyrinth als transportierbare(s) Tuch oder Matte

Reizvoll ist die Idee, ein Labyrinth zu jeder Zeit an den Ort mitnehmen zu können, an dem es gebraucht wird.

Es ist denkbar, ein Labyrinth auf Tuchbahnen aufzumalen. Vier zusammengenähte Leintücher ergeben bereits eine schöne Grundfläche. Oft ist aber etwas Robusteres gefragt als die leicht verrutschenden Baumwolltücher. Hierfür hat sich ein Material bisher als besonders brauchbar erwiesen, und zwar LKW-Planen. Auch wenn diese Planen nicht billig sind, so zeichnen sie sich durch große Strapazierfähigkeit aus, können im Freien bei jedem Wetter verwendet werden und sind leicht zu reinigen. Baumwollmaterial hat den Nachteil, dass es Schmutz leicht aufnimmt, so dass es nicht mit Straßenschuhen benutzt werden sollte.

Mit großen Autobeschriftungsklebefolien lässt sich auch ein fertiges Labyrinth in Innenräumen aufkleben. Dies hat sich vor allem in Schulaulas und diversen Eingangshallen bereits bestens bewährt, weil die Haltbarkeit überraschend gut ist und die Entfernung des Labyrinths trotzdem einfach und rückstandsfrei möglich ist.

Verleihadressen für Labyrinthmatten und die Herstellung von Folien sind über die Homepage www.labyrinthe.at zu erfragen.

Ideen und Möglichkeiten, ein Labyrinth zu bauen

Technik / Ort	*Ausführung*	*Material*
Aufmalen Am besten auf Asphalt	Mit Schnur und Kreide (Wachsmalstifte) konzentrische Kreise zeichnen, dann Grenzen abkleben und malen	Klebebänder, Straßenfarben (Achtung: starke Dämpfe!), gute Mischbarkeit, Farbe nicht zu sehr verdünnen
Auflegen Überall	In die Mitte einen Pflock setzen und mit einer Schnur Kreise ziehen	Steine, Holz, Ziegel, Strohballen, Fackeln, Stoff, Seile, Tücher (zusammenknüpfen)
Aufkleben Innenräume	Zuerst mit Schulkreide Kreise ziehen, dann Begrenzungen kleben	Kreppklebeband; Stoffklebeband
Ausstreuen Wiese, Asphalt	Die Grenzpunkte (Mittelkreuz und Ecken) markieren und dann die Bögen aufbringen	Kreide oder Kalk (mit Sportplatzbegrenzungswagen geht es schnell und gut!), Sägemehl, im Herbst Blätter
Ausmähen Wiese	Die Grenzpunkte (Mittelkreuz und Ecken) markieren und dann die Bögen ausmähen	Rasenmäher, ein Helfer, der Anweisungen gibt
Düngen Wiese	Düngekugeln streuen	Düngemittel
Anpflanzen Acker, Schulgarten	Fläche eggen oder umstechen, Wege festtreten, dann verschiedene Samen einsäen, zum Beispiel Getreide, Wiesenblumen	Gute Vorbereitung und viel Zeit
Dauerhafte Errichtung Gärten, Vorplätze, mystische Plätze	Verschiedene Möglichkeiten	Holzpalisaden, Steine, Stein-/Betonplatten, Weidengeflecht, frostfeste Ziegel, Bepflanzung

Hinweise

Der Asphalt muss absolut trocken sein. Farbe hält trotzdem nur zwei bis fünf Jahre. Je öfter nachgemalt wird, desto länger hält die Farbe

Bedenke: Ein kretisches Labyrinth mit ca. 50 Zentimeter Wegbreite hat mehr als 100 Meter Weglänge (= 250 Ziegel, Fackeln)

Nicht wasserfest;
kurvenleicht einschneiden

Zeitaufwand mit Wagen: Für ein gotisches Labyrinth braucht man mindestens eine Stunde Zeit

Was einmal gemäht ist, lässt sich nicht mehr ankleben! Langsam und konzentriert arbeiten!

Es dauert ein paar Wochen; oft mit überraschend gutem Ergebnis

Sicherlich die schönste Art, über längere Zeit mit dem Labyrinth zu arbeiten

Kosten und Arbeitsaufwand sind meist höher als bei der »Daumenpeilung«

Beispiel für ein Labyrinth aus Ziegelsteinen

Labyrinth aus gefärbten Gazestofftüchern

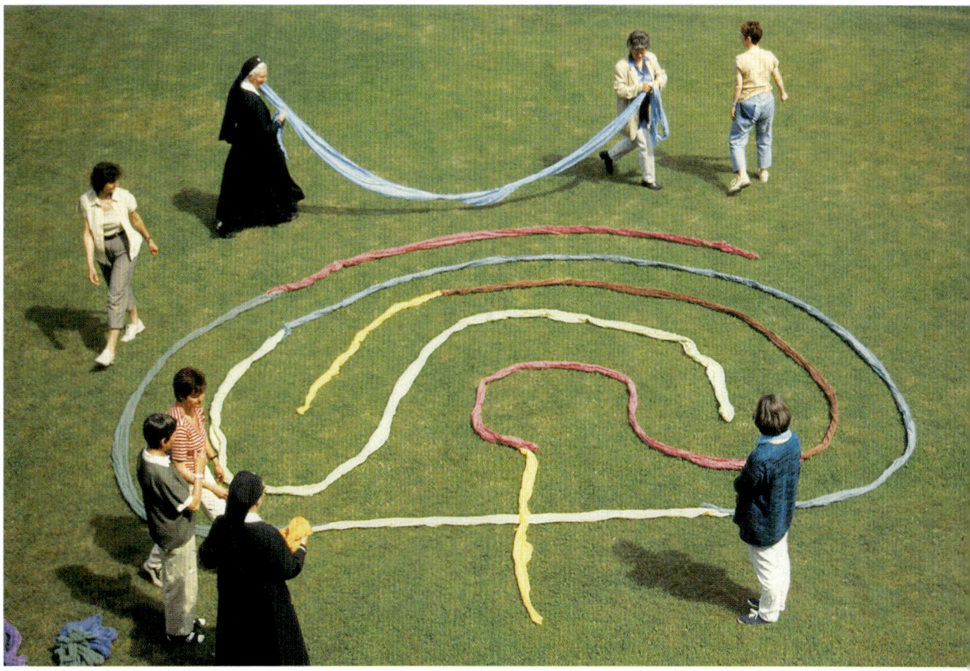

Im Labyrinth spielen

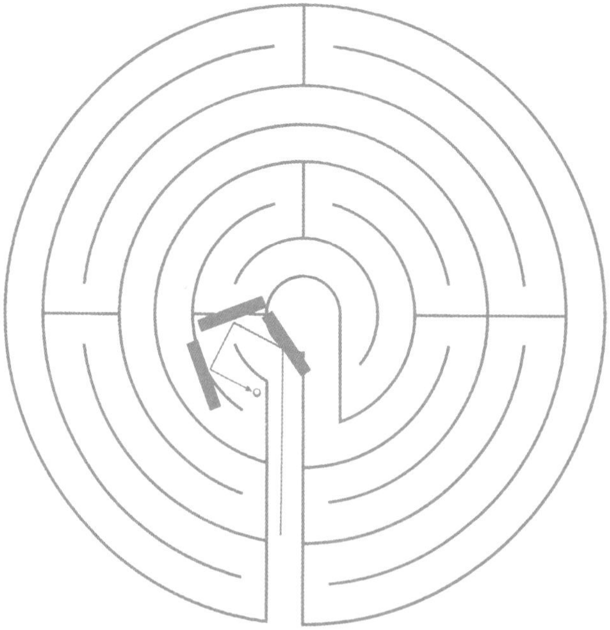

Murmel spielen im Labyrinth

Auch wenn das Labyrinth ein tiefsinniges Ursymbol ist, so ist es auch ein simples Spielgerät. Jeder Mensch spielt gerne. Spielen ist ein Ausprobieren der eigenen Kräfte und Fähigkeiten, ohne dabei die Konsequenzen fürchten zu müssen, wenn etwas nicht gelingt. Auch das Gehen im Labyrinth »ist ja nur ein Spiel«. Es ist nicht das wirkliche Leben. Aber im Spiel begegnen einem Situationen und Gefühle, die dem echten Leben entsprechen. Im Labyrinth kann man das Leben üben, es spielerisch betrachten und erspüren.

Kinder machen noch etwas anderes deutlich. Das Labyrinth ist ein Turngerät. Die verschlungenen Linien sind eine Herausforderung an den Körper. Gute Geräte ziehen Kinder magisch an. Sie wollen ausprobiert werden, und wenn es nicht nur eine Möglichkeit der Verwendung gibt, dann werden sie umso länger benützt.

Das Labyrinth als Spielgerät

Es ist ausgesprochen interessant, eine Stunde lang mit dem Notizblock neben einem Labyrinth zu sitzen und die Spiele aufzuschreiben, die Kindern einfallen. Sie sind Meister im Erfinden immer neuer Spielmöglichkeiten. Natürlich wird das Herumrennen im Labyrinth das beliebteste Spiel sein. Es wird Wettläufe auf Zeit geben, Fangenspiele, quer über die Reihen springen, auf den Linien balancieren usw. Diese Wettläufe haben übrigens eine wichtige Funktion. Wenn man Kinder im Labyrinth beobachtet, wird man bereits bei den Zweijährigen leicht unterscheiden können, welches Kind eine gute und welches eine schlechte Bewegungskoordination hat. Das Laufen im Labyrinth schult die Bewegungskoordination enorm, denn es müssen nicht nur die Füße richtig voreinander gesetzt werden: Je höher das Tempo, desto genauer muss auch der Körper ausbalanciert werden.

Interessant wird es auch, wenn auf einmal Erwachsene Lust bekommen, die Kinderspiele nachzumachen. Wettrennen in ein Labyrinth hinein oder Fangen spielen können ein köstliches Erlebnis werden, zumal auch der Körper eines Erwachsenen in den Kreisbahnen schwer auszubalancieren ist. Wer gar einmal einen Jungfrauentanz (s. Vorlage 23) ausprobiert, wird überrascht sein, wie schwierig das ist.

Spielideen

Gehen auf Zeit

Wer kann das Labyrinth in möglichst genau drei Minuten durchwandern?

Blinde führen

Einer geht vorneweg und führt einen »Blinden« an einer Hand oder an beiden.

Sich grüßen

Drei bis neun Leute werden im Abstand von ca. drei Meter ins Labyrinth gelassen. Sie dürfen schnell oder langsam gehen, aber nicht stehen bleiben. Wer kann am meisten begrüßen (die Hand reichen)? Wie oft trifft man die Gleichen?

Schlange auflegen

Eine Gruppe oder Schulklasse legt sich an der Labyrinthbegrenzung auf und bildet damit ein Menschenlabyrinth. Andere können durchgehen.

Kugel treiben

Eine Kugel aus einem Bocciaspiel wird mithilfe eines Steckens durch das Labyrinth gerollt.

Murmeln

Dieses Spiel funktioniert auf Labyrinthen mit glatter Oberfläche. Es bilden sich Teams mit bis zu vier Kindern. Man braucht eine Murmel und ein bis drei Brettchen oder Lineale. Einer schiebt die Murmel, die anderen bilden mit ihren Brettchen Begrenzungsbanden, damit die Kugel nicht aus dem Labyrinthweg läuft. Dort, wo die Kugel liegen bleibt oder über die Begrenzung rollt, wird weitergespielt. Mit wie viel »Schüssen« ist das Team durch?

Mit solchen Spielen lässt sich eine Mathematikstunde über Einfall- und Ausfallwinkel ersetzen, und es macht viel mehr Spaß als bloße Theorie.

Das Labyrinth reizt zu so vielen kreativen Ideen, dass jeder, der mit dem Labyrinth arbeitet, versuchen sollte, selber Spiele zu erfinden oder von den Kindern erfinden zu lassen. Es würde mich freuen, wenn Sie mir Ihre Ideen und Erfahrungen schicken (www.labyrinthe.at). Die besten werde ich in späteren Auflagen dieses Buches nach Möglichkeit berücksichtigen.

Anderes hineinnehmen

Es ist auch sehr einfach, das Labyrinth sozusagen als Unterlage für etwas anderes zu verwenden. Ich kann im Labyrinth die Buchstaben auflegen, wenn ich das Alphabet machen will, oder vier Stationen zu vier Sinnesorganen aufbauen, oder die Symbole der Weltreligionen. Oder ich verwende das Labyrinth einfach als Zielscheibe für ein Papierfliegerfest, wobei man noch einen Extrapunkt vergeben kann, und zwar für den, der nicht

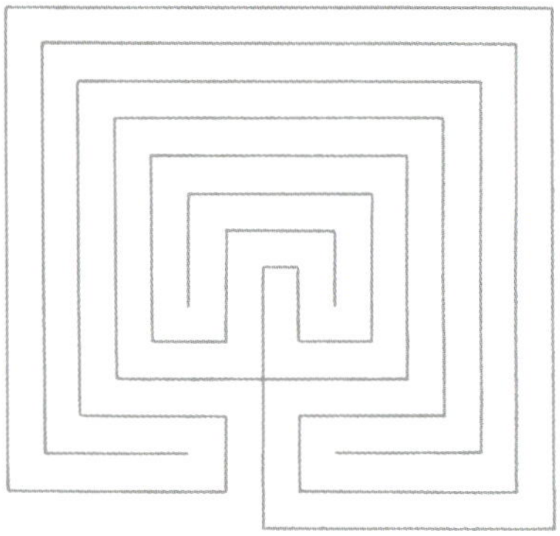

Vorlage für ein großes Klanglabyrinth

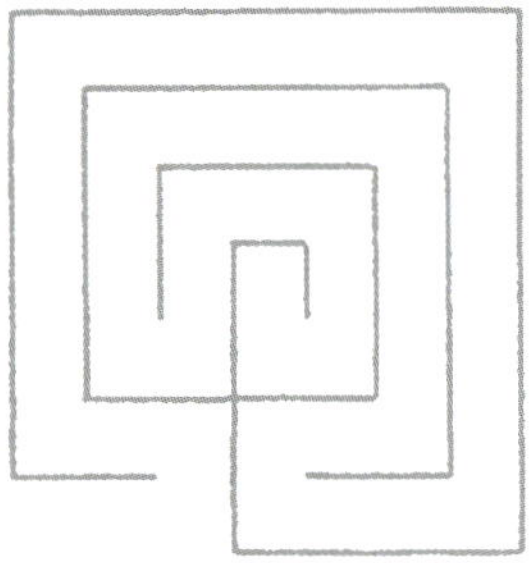

Vorlage für ein kleines Klanglabyrinth

Labyrinth in eine Holzscheibe gefräst

am nächsten bei der Mitte liegt, sondern am *fortlaufenden* Weg zur Mitte dieser am nächsten ist.

Klanglabyrinth

Es wird ein einfaches Labyrinth in rechteckiger Form aufgeklebt oder aufgelegt. An den vier Ecken werden vier Personen platziert, die jeweils ein Klanggerät in vier verschiedenen Tonhöhen bei sich haben. Der Person, die das Labyrinth betritt, werden die Augen verbunden. Nur mit den Klängen wird sie nun durch das Labyrinth geführt. Wenn sie in die Nähe einer Wendung kommt, verändern sich die Klangabstände. Ist sie an einer Wendung, ertönt auf einmal aus der Richtung, in die sie weitergehen muss, ein Klang.

Das konzentrierte Hören ist an sich schon ein starkes und seltenes Erlebnis. Auch der Weg des Labyrinths wird auf eigene Weise intensiv erlebt.

Spiele im Kleinformat

Nicht jeder hat immer die Möglichkeit, ein begehbares Labyrinth aufzubauen. Aber es gibt auch verschiedene Formen von eingravierten, geschnitzten oder gefrästen Labyrinthen. Holzkugelbahnen können mit den Fingern, Stahl- oder Glaskugeln bespielt werden. Natürlich wird das Stoppen der Zeit meistens die erste Spielidee sein. Aber wer kann die Kugel mit den wenigsten Bewegungen durchführen? Wer kann zwei Kugeln durchlaufen lassen? Wer kann zwei Kugeln gegeneinander durchlaufen lassen und wer schafft das Ganze mit einer Hand? Gibt es sogar welche, die es »blind« schaffen? Und wem gelingt die feinst abgestimmte Bewegung, die es braucht, um eine Billardkugel durchzuführen?

Das Sonnenrad im Stadtpark/Rapoldipark in Innsbruck

Mit dem Labyrinth feiern und tanzen

Steinlabyrinth aus Russland
mit einer Steinpyramide in der Mitte
und zwei Eingängen

Das Labyrinth ist eng mit Festen verbunden. So hat Theseus seine Befreiung mit einem Labyrinthtanz gefeiert, bei den Feierlichkeiten zur Stadtgründung von Konstantinopel soll ein Labyrinth aufgebaut worden sein, alte Felsritzungen aus dem Val Camonica in Italien zeigen Tänzer im Labyrinth, ebenso die etruskische Vase von Tragliatella. Bei den Indianern in Nordamerika ist das Labyrinth vermutlich Bestandteil von Initiationsriten und in der europäischen Kultur war das Labyrinth immer wieder bei Osterfesten in Verwendung. In England stehen viele Labyrinthe in Zusammenhang mit den »Fairs«, den Kirchtagen oder Jahrmärkten, ebenso in Deutschland oder Skandinavien. So stammt etwa auch das einzige Foto des ehemaligen Labyrinths von Kaufbeuren von einem Volkstanzfest.

Es ist sicher reizvoll, das Labyrinth wieder einzubauen in Feste und Feiern, es neu in Gebrauch zu nehmen in Spiel, Spaß und auch in seiner tiefen symbolischen Kraft.

Prozessionen

Labyrinthe können auch in einer Prozession begangen werden. Eine Lichterprozession oder ein Labyrinthgang zu irgendeinem festlichen Anlass kann ein besonderes Gemeinschaftserlebnis sein. Ein dazu passendes Lied kann eingeplant oder spontan angestimmt werden. Wichtig ist dabei, dass dem Ersten erklärt wird, wie er weitergehen muss, wenn er die Mitte erreicht. Er muss irgendwie in den Eingangsweg hinaussteigen, außer es ist ein von vornherein für Prozessionen konstruiertes Labyrinth.

Labyrinthe passen besonders gut zu Hochzeitsfeiern, bei denen das Brautpaar symbolisch den Lebensweg nun gemeinsam beschreitet. Wenn das Brautpaar einmal alleine durchgegangen ist, soll sich die ganze Hochzeitsgesellschaft in Form einer Prozession anschließen. Das ist meistens nicht nur sehr lustig, sondern man sieht auch alle einmal, die anwesend sind. Das Gleiche gilt für Geburtstagsfeste oder besondere Jubiläen.

Begrüßung der Neugeborenen

Das Labyrinth als Symbol für den Lebensweg eignet sich besonders für die Begrüßung der neugeborenen Kinder. Einmal im Jahr werden alle Eltern von neugeborenen Kindern des Bekanntenkreises oder der Bevölkerung eingeladen, mit den in diesem Jahr geborenen Kindern das Labyrinth zu begehen. Das ist immer ein nettes, kleines Fest, bei dem sich nicht nur Menschen in gleicher Lebenssituation näher kommen, sondern die neuen Erdenkinder auch durch die vielen bewussten guten Wünsche, Gedanken und Gebete gestärkt und gesegnet werden.

Initiationsriten

Viele Völker feiern die Einführung der Jugendlichen in die Welt und den Stand eines Erwachsenen mit großen, oft wochenlangen Festen. In unserer Kultur ist dieses Ereignis ziemlich verkümmert. Die kirchlichen Feste der Firmung und der Konfirmation beinhalten noch ein wenig von diesem Ritual. Aber die Aufnahme als Vollmitglieder in eine christliche Gemeinde ist letztlich sehr abstrakt, es fehlen die Männer, die den Jungen sagen, dass sie jetzt auch Männer sind, und die Frauen, die die Mädchen in ihrem Frausein willkommen heißen.

In allen Kulturen wird die Initiation von Jungen und Mädchen getrennt gefeiert. Das hat gute Gründe. Mädchen wissen manches über das Leben (zum Beispiel, dass es schmerzvoll und blutig ist) von alleine, Jungen müssen das erst mühsam lernen.

Es gibt mehrere Hinweise, dass das Labyrinth im Rahmen von Initiationsriten verwendet wurde. Das ist nicht verwunderlich, denn im Labyrinth werden grundlegende Lebensweisheiten ausgedrückt. Diese Wahrheiten soll der Jugendliche, der in die Erwachsenenwelt eintritt, lernen, erfahren und verinnerlichen.

Leider gibt es kaum Material zu authentischen Initiationsriten in unserer eigenen Kultur, deshalb ist man auf neue Erfindungen zum Ablauf eines solchen Rituals angewiesen. Die Initiationsfeier auf einen Abend zu beschränken, ist natürlich nur ein »leicht gewichtiges« Feiern, aber ein eindrucksvolles Erlebnis kann daraus dennoch entstehen. Vielleicht kann durch bessere Erforschung alter Bräuche und Erfindungsreichtum engagierter »Paten« ein gutes und passendes Initiieren von Jugendlichen in unserer Kultur entwickelt werden.

Grundwahrheiten des Lebens, die bei der Initiation gelehrt werden und die auch im Labyrinth ausgedrückt sind:

Das Leben ist schwierig.
Du wirst sterben.
Du bist ein Teil vom Ganzen.
Das Leben dreht sich nicht um dich.
Es gibt Verwandlung.

»Der tanzende Jakob«

Initiationsritual mit Jungen

Ein Labyrinth aus Steinen wird mit der Gruppe gemeinsam aufgelegt. In der Mitte des Labyrinths wird ein Loch ausgehoben. Jeder Junge hat ein Spielzeug mitgebracht, das ihm in der Kindheit sehr wertvoll war. Mit diesem Spielzeug in der Hand wird der erste Labyrinthgang gemacht. Jeder bringt sein Spielzeug in die Mitte, legt es in die Grube und geht mit leeren Händen zurück. Die Initiandenpaten schütten die Grube zu. Nun trägt jeder Junge allein einen Stein in die Mitte, der so schwer ist, dass er gerade noch getragen werden kann. Dieser Stein wird auf der zugeschütteten Grube abgesetzt. Am Ausgang bekommt der Junge vom Paten ein kleines Geschenk und einen Weisheitsspruch zum Thema »Liebe«.

Beim anschließenden Lagerfeuer erzählen die Paten ihre persönlichen Erfahrungen und Einsichten über ihre Ablösung vom Elternhaus, über Alkohol, Frauen, Gott. Zum Abschluss werden Trommeln verteilt und wird ein Rhythmus eingeübt. Dann bekommen die Initianden die Trommeln und die Paten nehmen Fackeln. Nun wird noch einmal gemeinsam in das Labyrinth hinein- und wieder herausgezogen.

Das Labyrinth wird anschließend abgebaut, bis auf den Steinhaufen in der Mitte.

Menarchefest

Ein besonderer Anlass für eine Frauenfeier ist die Menarche, das erste Auftreten der Regelblutung bei einem Mädchen. Dieses Fest kann am nächstfolgenden Vollmond nach dem Ereignis ausgerichtet werden. Die Mutter ist für die Organisation zuständig, hält sich aber beim Fest selbst im Hintergrund. Sie lädt ein paar ältere und erfahrene Frauen ein, am besten Tanten, Großmütter, die Patin und Freundinnen.

Im Freien wird ein Labyrinth ausgelegt (empfohlene Vorlage: 7), bei dem sich die Festgäste treffen. Die Frauen ziehen in die Labyrinthmitte und bilden dort einen Kreis. Das Mädchen zieht nach und erhält von jeder Frau einen Segensspruch. An warmen Tagen lässt man sich in der Mitte nieder und die Frauen erzählen über ihre Erfahrungen, ihre Weisheiten und über die Geheimnisse und Schätze des Frauseins. An kalten Tagen sucht man dazu eine Hütte mit einem Kaminfeuer auf. Die Patin oder Festleiterin gibt das Zeichen zum Aufbruch und gemeinsam wird aus dem Labyrinth gezogen. Nun gibt es ein Festessen, das die Mutter inzwischen vorbereitet hat.

Labyrinthtanz

Etwas ganz Besonderes ist ein Labyrinthtanz. Eine gute Vorbereitung ist auf jeden Fall notwendig, wobei der größte Aufwand der Bau des Labyrinths ist. Wenn ein Vorplatz mit Rasen, Platten oder Asphalt vorhanden ist, empfiehlt sich das Aufbringen der Labyrinthfigur mit einem Kreidewagen oder Holzscheit. Diese werden an jedem Fußballplatz zur Linienbegrenzung verwendet. Je nach Gruppengröße kann ein klassisches Labyrinth mit sieben Umgängen oder das gotische Labyrinth mit fünf, sieben oder elf Umgängen verwendet werden.

In den alten Kirchenbüchern gotischer Kathedralen wird der Tanzschritt der Ostertänze als Dreischritt (Tripudium) beschrieben. Wie dieser Schritt genau zu verstehen ist, weiß man nicht. Dazu wurde die Hymne »Victimae paschali laudes« von Wipo von Burgund (gestorben nach 1046) gesungen. Das Labyrinth wurde mit einem Reigen umtanzt. Nur der Dekan mit einem goldenen Ball in der Hand bewegte sich durch die Gänge des Labyrinths. Der Ball wurde immer wieder zwischen Außenstehenden und Dekan hin- und hergeworfen und symbolisierte die aufgehende Ostersonne über unserem Leben.

Bei der Planung eines Labyrinthtanzes ist es natürlich wichtiger, sich in die Gruppe hineinzuversetzen, mit der man den Tanz machen will, als sich an gotische Traditionen zu halten. Wichtig ist die Auswahl eines möglichst einfachen Tanzschrittes (zum Beispiel einfache Abfolge von Wechselschritten) und eines dazu passenden Liedes.

Meistens wird man auch planen, mit der ganzen Gruppe durch das Labyrinth zu ziehen. Es sei denn, man möchte den Schwerpunkt auf eine bestimmte symbolische Geste legen, zum Beispiel Licht bringen und empfangen. Dann tanzt eine Person oder eine kleine Gruppe in das Labyrinth, holt aus der Mitte das Licht und bringt es den Umstehenden.

Ein Ostertanz

Neben der Kirche Allerheiligen in Innsbruck befindet sich eine kleine Rasenfläche. Mit dem Kreidewagen wurde ein Labyrinth mit sieben Umgängen aufgetragen. Kerzen wurden aufgestellt und das Kreuz wurde mit Bodenfackeln hervorgehoben. Bereits vor dem Gottesdienst wurden die Kerzen angezündet und viele blieben am Weg in die Kirche eine Weile beim Labyrinth stehen, manch einer ging auch durch.

Nach dem Ostergottesdienst geht der Pfarrer voraus an den Eingang des Labyrinths. Die Gemeinde bildet einen Kreis um das Labyrinth. Sobald dieser geschlossen ist, beginnt die Gemeinde den Osterhymnus »Victimae paschali laudes« zu singen, der auf einem Liedblatt ausgegeben wird. Der Pfarrer schreitet in das Labyrinth hinein. Er hat einen gelben Ball, den er nun immer wieder der Gemeinde zuwirft oder in den Kreis hinausreicht. Wenn er die Mitte erreicht hat, geht er wieder zum Eingang und fordert die Umstehenden auf, mit ihm noch einmal durch das Labyrinth zu ziehen. In der Mitte angekommen, steigt der Pfarrer in den Eingangsweg hinaus und die Menschenkette zieht wieder zum Ausgang. Zuletzt wird das Labyrinth noch einmal in einem großen Kreis umschlossen. Wenn der Letzte das Labyrinth verlassen hat, hört der Gesang auf und der Ostertanz ist beendet.

So war es zumindest geplant. Die Stimmung der Leute änderte den Plan an einigen Stellen ab: Sie ließen sich nicht abhalten, gleich mit dem Pfarrer und den Ministranten mitzuziehen. Sie waren auch mit dem »Victimae paschali laudes« nicht einverstanden und sangen lieber ein bekanntes Halleluja. Als der Pfarrer in der Mitte ankam, verweilte er viel zu lange, so dass praktisch der ganze Zug zum Stehen kam. Auf einmal begannen alle, sich gegenseitig »Frohe Ostern!« zu wünschen, gerade so, wie sie sich gegenüberstanden. Erst dann begann sich die Kette wieder herauszubewegen. Es war ein wenig chaotisch, aber durchaus schöner als der Plan.

Also: Nur keinen Stress verbreiten und Unsicherheit fördern. Das Labyrinth ist immer stark genug, um etwas Neues entstehen zu lassen, das auch gut oder sogar besser ist.

Ein gelungener Labyrinthtanz

Im Labyrinth meditieren

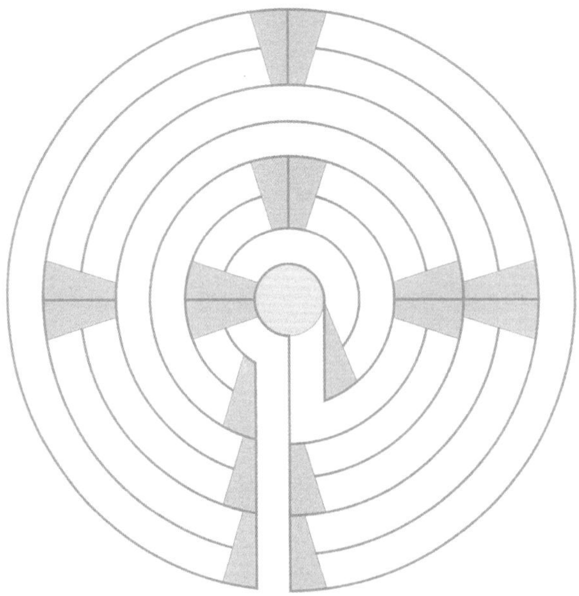

Das Labyrinth im Altarraum der Kirche St. Konrad in Freiburg/Deutschland

Jeder Mensch trägt in sich einen reichen Schatz an Erfahrung, Wissen und Weisheit. Oft läuft aber das Tagewerk so rasch und lückenlos über einen hinweg, dass man selten dazu kommt, in sich hineinzuhören und diesen Erfahrungsschatz zu befragen und zu nutzen. Jede Form der Meditation ist zunächst eine Einkehr bei sich selbst. Das Labyrinth ist ein einfaches und doch wirkungsvolles Hilfsmittel zu gewissen Formen der Meditation und des Nachdenkens. Deshalb wird es auch als meisterliches Werkzeug der Erkenntnis bezeichnet.

Betrachten wir ein Labyrinth oder begehen wir es, ist es wie ein Spiegel, der aus uns herausgeklappt wird. Auf einmal können wir etwas sehen, das bislang in uns verborgen war.

Nach innen gehen

Beim meditativen Gehen geht es um die Konzentration nach innen. Jede Ein-Weg-Labyrinthform ist dazu besonders gut geeignet, weil der Begeher keine Angst haben muss, sich zu verirren, und er somit einen sicheren geführten Weg geht, der keine nach außen gerichtete Aufmerksamkeit braucht. Es gibt die Möglichkeit, in einer Kette oder auch einzeln (evtl. mit Begleitmusik) durch das Labyrinth zu gehen. Eine besondere Möglichkeit ist das Gehen im so genannten Pilgerschritt. Dabei geht man immer zwei Schritte nach vorn und dann einen Schritt zurück. Diese Art des Gehens ist sehr entspannend, man braucht dazu aber eine gute Vorbereitung der Atmosphäre. Es darf kein Zeitdruck herrschen. Der Pilgerschritt zwingt einem die Geduld auf, die man im Leben offensichtlich auch braucht.

Einzeln zu gehen hat den Vorteil, dass jeder sein eigenes Tempo finden kann. In der Gruppe entsteht ein Gemeinschaftsgefühl. Je nachdem, wie viele Personen einzeln in das Labyrinth hineingehen wollen, sollte überlegt werden, ob auf den Rückweg verzichtet wird, weil zu viele Entgegenkommende am gleichen Weg die Konzentration stören.

Es gibt mehrere Möglichkeiten, mit welcher Haltung oder Absicht man in ein Labyrinth hineingeht. Es kann in einer offenen Haltung innerer Aufmerksamkeit geschehen: Das heißt, dass man gar nichts erwartet, sondern nur darauf lauscht, was aus dem Inneren aufsteigen mag. Geschieht nichts, ist es auch gut. Man kann sich auch auf eine Frage, ein Anliegen oder auf eine offene Entscheidung konzentrieren.

Das in den meisten spirituellen Traditionen verbreitete monotone Wiederholen kurzer Phrasen, so genannter Mantras, lässt sich gut mit entspanntem Gehen vereinen. »Jesus Christus, erbarme Dich meiner«, »Heiliger Geist, erleuchte mich«, »Hilf mir zu glauben, dass ich ein/e Sohn/Tochter des Lichtes bin«, sind Vorschläge aus einer Vielfalt von Möglichkeiten.

Wenn man von den eigenen Gedanken frei sein will, können auch das Vaterunser, der Rosenkranz, Psalmen, ein Vers, ein Gedicht die Flut der verschiedenen Gedanken, die aufsteigen wollen, abblocken. Wer zur christlichen Tradition und Sprache negative Gefühle hat, sollte etwas anderes wählen, zum Beispiel Rilke, Saint-Exupéry, eine fremde Sprache oder etwas ohne besonderen Bedeutungsinhalt, denn negative Gefühle sollten beim Meditieren nicht aufgewühlt werden.

Eine Auswahl an Besinnungssätzen

Fragen

Was ist mir wirklich wichtig?
Was will ich erreichen?
Was will ich tun?
Was ist mein Ziel?
Wohin will ich gehen?
Was will ich mitnehmen?
Mit wem will ich gehen?
Was will ich lassen?
Was sollte ich endlich aufgeben?
Was lenkt mich ab?
Was brauche ich nicht mehr?
Auf wen höre ich?
Wann gebe ich etwas auf?
Wem kann ich vertrauen?

Sätze

Tu Gutes und wirf es ins Wasser.
Die meisten Menschen wollen Gott dienen – aber nur als Berater.
Ora et labora! Bete und arbeite!
Wer seinen Nächsten verurteilt, kann irren. Wer ihm verzeiht, irrt nie.
Ich fürchte nichts, weil ich nichts habe.
Die Feigheit tarnt sich gern als Vorsicht oder Rücksicht.
Jede Rohheit hat ihren Ursprung in einer Schwäche.
Besser als tausend Stoßseufzer ist eine Tat.

Mit einem Satz das Labyrinth begehen

Eine spannende Art der Besinnung ist es, wenn am Eingang den Labyrinthgehern ein Satz mitgegeben wird. Spannend, weil die Reaktion der Betroffenen sehr heftig ausfallen kann. Besonders hilfreich kann diese Meditation werden, wenn man sich gut kennt und einen Satz wählen kann, der auf die Lebenssituation des Betreffenden zielt. Manchmal ist aber genauso gut ein »Nichtkennen« von Vorteil. Der »Satzeinsager« sollte sich in jedem Fall sehr konzentriert auf das Gegenüber einstellen, um den passenden Satz zu erspüren. Manche Sätze sind freilich für alle Lebenssituationen bedenkenswert.

Labyrinthmeditation

Wer keine Möglichkeit hat, ein Labyrinth aufzubauen, kann auch mit einem kopierten Blatt zu einer Meditation anleiten. Dazu braucht man: Labyrinthkopien (Chartres), blickdichter Zettel mit Loch (Zettel leicht falten und mit Locher ausstanzen), Stifte und ungefähr eine Stunde Zeit.

Einleitung

- Die Gruppe bereitet gemeinsam den Raum vor.
  Entweder am Boden sitzen (Polster, Decken, Unterlage für Labyrinthkopien) oder an Tischen. Gedämpftes Licht, evtl. Musik.
- Entspannung
  Ohne Schuhe durch den Raum gehen – tief durchatmen – Hände strecken, Arme fallen lassen, Gedanken »ausblasen« – fest stehen – Boden spüren – auspendeln – sich auf die Mitte konzentrieren.

Meditation

Ihr alle kennt Labyrinthe. Mit ihren Wendungen, Gabelungen sind sie ein Symbol für unseren Lebensweg. Auch in unserem Leben kennen wir Unsicherheit, Irrtum, Hoffnung auf einen Ausweg und das Glück des Ankommens.

(Pause)

Du bekommst jetzt zwei Blätter. Ein Labyrinth und darüber ein Blatt mit einem Loch.

(Austeilen der Blätter)

Leg das Loch so auf das Labyrinth, dass es über dem Eingang liegt. (Evtl. am Eingang einen roten Punkt anbringen.)

(Pause)

Wie in deinem Leben gehst du mit dem Stift jetzt einen Weg, von dem du nicht genau weißt, wohin er dich führt. Lass dir Zeit dabei! Doch geh deinen Weg entschieden, zieh deine Lebenslinie sorgfältig und sicher. Doch bedenke, du bist im Labyrinth.

(Pause)

Geh immer weiter mit deinem Stift. Durchlaufe alle Gänge, bis du ans Ziel kommst. Auch im Leben können wir nicht einfach stehen bleiben, nicht dorthin zurückkehren, wo wir hergekommen sind.

(Pause)

Wenn du am Ziel bist, nimm das durchlöcherte Blatt weg und schau auf den Weg, den du gegangen bist.

(Pause, bis alle fertig sind)

Die Linie, die zu deiner Mitte führt, ist vielleicht manchmal zittrig, zögernd, stößt an die Labyrinthwände oder ist kurz abgebrochen.

Auch in deinem Leben gibt es Zittriges, Zögerndes, Anstößiges und Abgebrochenes. Es gibt aber auch Klares, Geradliniges, Starkes und Vorwärtsstrebendes. Das alles gehört zu dir und du kannst es am besten sehen, wenn du in deiner Mitte bist.

(Pause)

Es folgt eine Austauschrunde über Erfahrungen, Gedanken, Eindrücke, die jeder bei seiner Labyrinthreise gemacht hat.

Walking The Way Of Wisdom – ein Bericht

Als ich vor dem Labyrinth stand, fühlte ich mich unsicher. Ich zögerte. Ich war nicht sicher, was ich erwarten sollte. Die Aussicht, eine Stunde oder mehr in einem spiraligen Pfad, der nirgendwo hinführt, umherzugehen, empfand ich als wenig sinnvoll, ja sogar kindisch. Aber es gab noch einen Grund meines

Wohin wird der Weg mich führen?

Zögerns: Ich wusste nicht, ob ich die Reise riskieren sollte. Vielleicht steckt wirklich Kraft in diesem Ritual? Vielleicht muss ich mich danach ehrlicher betrachten als bisher? Darüber hinaus war ich mir unsicher wegen meiner Studenten. Was ist, wenn sie nicht mittun? Was ist, wenn die Erfahrbarkeit, von der immer die Rede ist, nicht funktioniert?

Ich erfuhr später, dass einige meiner Studenten meine Ängste teilten. Sie machten sich Sorgen, dumm auszusehen. Es ist so wichtig, »cool« zu wirken, und das Ganze schaute verdächtig nach einer ziemlich »uncoolen« Sache aus. Und trotzdem spürten sie auch, dass hier etwas Besonderes passieren könnte.

Letztendlich gab es aber für mich und für sie nur einen Weg herauszufinden, ob an dem Ganzen etwas dran ist, und so gingen wir los. Drei Stunden waren wir unterwegs. Wir gingen in sehr unterschiedlichem Tempo, manche sehr bedächtig, andere etwas flotter. Sich durch den Raum des Labyrinths zu bewegen, war ungemein aufschlussreich.

Eine Frau bemerkte: »Wenn ich versuchte schneller zu gehen und dabei auch manche Gedanken rascher hinter mir lassen wollte, machte mein Körper einfach nicht mit. Der Weg half mir in das richtige Tempo hinein.«

Der Weg, der so unvermutet verläuft, lässt einem wenig Chancen, das Ziel vorherzusagen. »Nach einer Weile wusste ich weder, wie weit es noch ist, noch wie weit ich schon gegangen war. Ich begann mich auf den Weg zu konzentrieren, nicht mehr auf die Entfernung.«

Den Weg ohne Erwartungen zu gehen und vor allem ohne Kontrolle, lehrt Demut: »Oft wenn ich meinte, dem Heiligen näher zu kommen, führte mich die nächste Wendung weiter weg als je zuvor. Ich merkte, wie klein ich bin im Vergleich zu Gott. Mir wurde bewusst, dass das Heilige in einer demütigen Weise gesucht werden muss.«

Trotz aller Wendungen lässt einen das Labyrinth nicht aus. Der Weg ist vorgegeben. »Ganz egal, wo ich mich im Labyrinth befand, habe ich immer eine Verbindung zur Mitte gespürt, und je weiter ich ging, desto mehr fühlte ich mich ausbalanciert und geerdet.«

Das Labyrinth hielt noch eine andere Überraschung bereit: Obwohl man beim Gehen als Einzelner stark auf sich allein gestellt ist, war es doch ein intensives Gemeinschaftserlebnis. Während des Gehens verliert man sich leicht in seinen Gedanken oder man konzentriert sich auf den Wegabschnitt, der vor einem liegt. Da kommt dir auf einmal jemand direkt entgegen. Man muss Platz machen, um aneinander vorbeizukommen. Oder man hat auf einmal einen Begleiter am Weg, der parallel zum eigenen verläuft. Dann trennen sich die Wege und jeder geht in eine andere Richtung, vielleicht trifft man sich irgendwo wieder, vielleicht auch nicht. Im Labyrinth zu gehen heißt unterwegs zu sein mit anderen. »Ich dachte, wir wären mehr auf uns allein gestellt, aber zu meiner Überraschung war es ein gemeinsames Erlebnis. Jeder war miteinander verbunden auf dem gemeinsamen Weg zum gleichen Ziel. Trotzdem hatte jeder auf dem Weg ganz individuelle Erfahrungen.«

Ein junger Mann sagte: »Vieles aus meiner Vergangenheit kam mir zu Bewusstsein. Ich brauchte eine ganze Weile, bis ich durch diese Gedanken durch war. Es war, als ob meine Seele schon lange Zeit auf eine Möglichkeit gewartet hatte, mit mir zu reden.« Jemand, der durch einen tragischen Umstand einen Menschen verloren hatte, sagte: »Als ich die Mitte erreichte, musste ich mich niedersetzen und beten. Ich bat Gott, mir zu helfen, das Ganze zu verstehen, und ich war überrascht von der Heftigkeit seiner Antwort. Er lud mich ein, ihm neu zu vertrauen. Es war eine überwältigende Erfahrung.«

Wie kann das einfache Gehen so viel aufzeigen, so viel klären und heilen? Ich weiß es nicht. Vielleicht ist es die Art der Bewegung, vielleicht der sich entfaltende Weg. Vielleicht die sich immer wiederholende Kreisbewegung, verbunden mit dem Zug zur Mitte. Oder der Raum, der mit anderen auf intime Weise geteilt wird. Was immer die Erklärung ist, sicherlich ist eines der bemerkenswertesten Elemente des Labyrinths Folgendes: Im Gehen wird Weisheit, die schon lange vergessen war oder noch nie ganz erfasst wurde, aus der Tiefe des Seins herausgehoben.

Douglas Burton-Christie
(übersetzt aus dem Englischen)

Erfahrungen aus der Praxis

Begrüßen

Bei einer Volksschule, an deren Vorplatz ein Labyrinth aufgemalt ist, befindet sich ein allgemeiner Festsaal. Einmal feierte dort ein befreundetes Brautpaar von mir das Hochzeitsessen. Auf dem Weg von der Kirche dorthin ging ich voraus. Als ich das Labyrinth erblickte, rief ich spontan: »Das Brautpaar geht durchs Labyrinth und die ganze Gesellschaft hinterher!« Es gab ein lustiges Gedränge und fröhliches Durchmarschieren von über 150 Gästen, ohne dass es irgendeine weitere Erklärung oder Rahmengestaltung zum Labyrinth gab.

Unter den Reaktionen der Hochzeitsgesellschaft, die ich auf diesen Labyrinthgang bekam, war eine besonders häufig: »Das war die erste Hochzeit, bei der ich alle Gäste einmal gesehen habe!«

Tatsächlich begegnet jeder jedem mindestens einmal, wenn alle durch ein Labyrinth gehen – auch in einer großen Gruppe. Seither weiß ich, dass ein Labyrinth für jede Art von Begrüßung oder Verabschiedung bestens geeignet ist.

Wenig Hände sind der Freude Ende

Mit dem Auflegen von Steinlabyrinthen verbinde ich zwei ganz unterschiedliche Erfahrungen.

In einem Schulhof sollte ein aus Blumen angepflanztes Labyrinth durch solide Steine ersetzt werden. Eine Werkklasse mit etwa zehn zwölfjährigen Kindern war bereit, die Arbeit zu machen. Das Labyrinth hatte die klassische Form und war im Durchmesser zwölf Meter groß. Ich fuhr in ein Schotterwerk, um die Steine auszuwählen. Schöne, runde Bachsteine waren meine Vorstellung, doch die Steine waren nur annähernd rund. Ich wusste aber keine Alternative und so bestellte ich eine LKW-Ladung, später noch eine zweite, weil man anfangs immer den Materialbedarf unterschätzt. Als die Ladung neben dem Labyrinthplatz abgekippt war, stellte ich verärgert fest, dass es sich nicht um die von mir bestellten Steine handelte, sondern die Steingröße viel zu stark variierte und viel zu große, aber auch viel zu kleine dabei waren. Da es aber ein Sponsorengeschenk war, musste ich nehmen, was da war.

Die Klasse war gut motiviert, aber letztlich waren die Steine zu groß oder die Klasse war zu klein. Nach vier Doppelstunden Steineschleppen waren die Kinder nicht mehr motiviert. Obwohl das Labyrinth sehr schön geworden war, riet ich ab diesem Erlebnis allen, nur ja nicht mit Kindern ein Steinlabyrinth bauen zu wollen, bis an einem Sommertag Folgendes geschah:

Wir fuhren mit unserer zehnjährigen Tochter Hannah und einer ihrer Freundinnen zu einem Erholungstag in ein Hochgebirgstal. Bald waren die beiden in der weitläufigen Almlandschaft, durch die ein großes Bachbett führte, verschwunden. Wir Erwachsenen ließen uns nieder und genossen die Liegestühle. Nach zwei Stunden kamen die beiden Mädchen zurück und sagten:

»Wir haben ein Labyrinth aus Steinen gebaut.«

»Aber kein großes«, antwortete ich.

»Doch, komm, wir zeigen es dir.«

Ich staunte nicht schlecht, als ich es sah, denn in Anbetracht der Plagerei der Werkklasse konnte ich mir nicht vorstellen,

Einfach und praktisch werden die Labyrinthbögen mit einem Schraubenzieher vorgezeichnet ...

... und mit einem Kreidewagen effektiv sichtbar gemacht

wie sie zu zweit ein ganzes Steinlabyrinth legen konnten. Aber es war ein wunderschönes Steinlabyrinth am Bachufer ausgelegt! Natürlich war mir rasch klar, warum. Die Steine waren wesentlich kleiner und auch der Radius war nur etwa halb so groß wie im Schulhof (s. Foto S. 20).

Meine Erfahrung daraus: Bevor jemand ein Steinlabyrinth bauen will, hilft es, folgende Faktoren sehr gut überlegt abzuwägen: Anzahl der helfenden Hände, Alter der Helfer, Steingröße und Radius. Steine ab 15 Zentimeter Durchmesser und Radien ganz allgemein verhalten sich nicht linear. Ein doppelter Radius bedeutet eben nicht die doppelte Arbeit, sondern ein Mehrfaches dessen!

Passen aber die Bedingungen, dann kann gerade das Auslegen eines Steinlabyrinths eine besonders schöne und befriedigende Arbeit werden.

Betreuung eines Labyrinths

Mit diesem Steinlabyrinth auf der Almwiese machte ich die gleiche Erfahrung, die sich an vielen Orten wiederholt. Als wir Tage später vorbeikamen, war das Labyrinth in traurigem Zustand. Es schien, als wäre eine Kuh oder ein Witzbold absichtlich quer durchgeschlurft. Ich beschloss, am nächsten Tag frühmorgens das Labyrinth wieder in seinen alten Zustand zu bringen – und staunte, das Labyrinth tags darauf bereits in renoviertem Zustand vorzufinden. Wer mag das gewesen sein?

Es gibt Leute, die aus Langeweile oder aus anderen Gründen etwas aus der Ordnung bringen, aber das Labyrinth hat eine eigene Attraktion, die immer wieder eigentlich unbeteiligte Menschen motiviert, die Schönheit der Form zu erhalten und zu pflegen. Als wir im Spätherbst wieder in das Hochtal kamen, lag das Labyrinth immer noch in seiner unveränderten Form da. Es musste inzwischen sicher eine Reihe von Pflegern und Wächtern gefunden haben.

Diese Erfahrungen gelten für alle Labyrinthe, auch für die in öffentlichen Parks. »Das wird bald kaputt sein«, ist oft die erste Reaktion der Gärtner. Es wird tatsächlich immer wieder auch einmal eine Beschädigung geben, aber letztendlich immer auch die Überraschung, dass Schönes den Menschen motiviert, es zu erhalten und zu beschützen.

Die Labyrinthfrauen im Züricher Kasernenhof erzählten mir: »Wir wurden anfangs vor den ›Alkis‹ im Park gewarnt, dass sie das Labyrinth bald kaputtmachen würden, aber gerade sie sind zu den Wächtern des Labyrinthplatzes geworden und passen auf, dass nichts passiert.«

In Maria Alm bei Saalfelden/Österreich wurde in der Wiese ein Weg ausgestochen und mit Kies gefüllt

Abraham und Jona

Alles, was in irgendeiner Form sehbar, anfassbar, spielbar ist, bleibt ganz anders in unserem Gedächtnis als nur Gehörtes und Geschriebenes. Nach diesem Prinzip gestaltete ein befreundeter Religionslehrer seine Stunde über Abraham.

Zuerst ließ er ein klassisches Labyrinth auf die Größe eines Quadratmeters kopieren und auf zwei zusammengestellten Tischen in der Mitte auflegen. Dann stellte er die Frage, welche Wendungen, welche Erfahrungen des Schmerzes Abraham auf seinem Weg machte, und ließ die Schüler diese Erfahrungen in das Labyrinth eintragen. Überrascht vom Eifer der Schüler und den sich aus der Arbeit ergebenden Einsichten tauchten immer neue Ideen von Labyrinthgeschichten auf.

Jona ist ein Beispiel, bei dem man meinen könnte, der Verfasser hatte ein Labyrinth vor Augen, als er diese Geschichte aufschrieb. Wie der Weg in einem klassischen Labyrinth bewegt sich Jona zuerst von der Mitte weg. Dreimal wendet sich der Weg vom Ziel weg, zuerst, indem Jona örtlich flieht, dann innerlich, indem er sich schlafen legt, und dann noch gänzlich, indem er in den Tod fliehen möchte. Im Wal wendet er sich wieder dem Ziel zu und beginnt seine Reise neu. Er erreicht das Ziel, vollbringt eine großartige Heldentat, aber mit dem Erfolg ist die Geschichte nicht zu Ende. Auf wunderschöne Weise wird vom Weg aus der Mitte heraus erzählt, vom Weg, auf dem Zorn in Mitleid und Rechthaberei in Güte verwandelt werden. Das Ziel der Reise, am Ende des Labyrinths, ist es, zur Liebe zu gelangen zu allen Menschen und dem lieben Vieh.

Alle Weggeschichten, und das sind die meisten Geschichten der Weltliteratur, haben etwas Labyrinthisches und es ist sehr fruchtbar, die verschiedensten Geschichten auf ihre bildliche Übertragbarkeit auf dieses Symbol zu untersuchen.

Gelungene Ideen

Eine Lehrerin hat mir Folgendes erzählt:

»Ich habe mit einer Klasse einen Labyrinthtag gemacht. Nach einer allgemeinen Einführung habe ich sie in acht Kleingruppen aufgeteilt. Dann habe ich jeder Gruppe zwei Euro gegeben und zwei Stunden Zeit. In dieser Zeit sollten sie irgendein Material besorgt haben, sich von den aufgelegten Vorlagen eine Labyrinthform ausgesucht und ein eigenes Labyrinth fertig gestellt haben.

Das Ergebnis war echt super. Es gab ein Reislabyrinth auf rotem Tuch. Ein Labyrinth aus Smarties, ein Farfallelabyrinth und eines aus Kaffeebohnen und Zeitung, ein so genanntes Frühstückslabyrinth – sie waren alle sehr kreativ und es war ein guter Vormittag.«

Ein Jahresprojekt

Eine sehr arbeitsintensive, aber schöne Art, mit dem Labyrinth zu arbeiten, ist, es in ein ganzes Schuljahr hineinzuweben. Manche Klasse hat schon bei einem Bauern in der Umgebung angeklopft, ob er ihnen ein kleines Stück Acker für ein Jahr zur Verfügung stellen würde. Nach dem Eggen wird der Labyrinthweg ausgetreten und festgestampft (zum Beispiel 50 Zentimeter Weg, 20 Zentimeter Beet in der Breite). Dann werden in die Beetstreifen Saatrillen gezogen sowie Getreide (ungebeizt!) und Feldblumen eingesät. Während des Sommers braucht man dann ein paar Freiwillige, die in den Ferien einige Pflegebesuche beim Labyrinth machen. Im Herbst kann das Getreide geerntet, gemahlen und zu Brot verbacken werden. Das Erleben eines »Bauernjahres« im Zusammenhang mit dem Labyrinth ist sehr eindrücklich. Immer wieder können gemeinsame Labyrinthgänge eingeflochten werden. Nach dem Erntedankfest passt als Abschluss noch ein Lichterfest zum Martinstag. Dann wird der Bauer das Land wieder unter den Pflug nehmen und das Labyrinth wird übergehen in die Erinnerungen und die Geschichten, die über so ein Projekt sicher noch lange erzählt werden.

Literatur

Candolini, Gernot: *Das geheimnisvolle Labyrinth. Mythos und Geschichte eines Menschheitssymbols,* Pattloch, München 2008

Candolini, Gernot: *Im Labyrinth. Aufbruch zur Mitte,* Tyrolia, Innsbruck 2005

Candolini, Gernot: *Im Labyrinth sich selbst entdecken*, Herder, Freiburg 2001

Candolini, Gernot: *Labyrinth. Wege der Erkenntnis und der Liebe,* Claudius, München 2004

Candolini, Gernot: *Lebenswenden wagen. Die Botschaft des Labyrinths,* Tyrolia, Innsbruck 2010

Candolini, Gernot: *Wendepunkte des Lebens. Dem eigenen Weg vertrauen,* Claudius, München 2009

Fröschl, Monika: *Die heilende Kraft des Labyrinths*, Don Bosco, München 2005

Halbfas, Hubertus: *Religionsunterricht in der Grundschule. Lehrerhandbuch 4,* Patmos, Düsseldorf 1986

Kern, Hermann: *Labyrinthe. Erscheinungsformen und Deutungen*, Prestel, München 1983

Seifried, Ilse: *Das Labyrinth oder die Kunst zu wandeln*, Haymon, Innsbruck 2002

Wolff, Uwe, Hohmuth, Jürgen: *Alles über Labyrinthe und Irrgärten. Unterwegs mit Zeppelin und Kamera,* Gabriel, Stuttgart 2006

Internetadressen

www.labyrinthe.at
Die Homepage des Autors und Labyrinthbauers Gernot Candolini. Informationen zu Veranstaltungen, Seminaren und weiteren Büchern. Weiterhin Bauunterstützung für Labyrinthe und Herstellung von transportierbaren Labyrinthmatten. Es kann dort auch verschiedenes Labyrinthmaterial für diversen Gebrauch heruntergeladen werden.

www.labyrinth.at
Auf dieser Seite gibt es ein Labyrinthbild des Monats und viele Berichte über Labyrinthbauerfahrungen und Labyrintherlebnisse.

www.begehbare-labyrinthe.de
Silke und Werner Kaufmann sammeln alle öffentlich zugänglichen begehbaren Labyrinthe in Deutschland in einem Katalog. Weiterhin gibt es Fotos, Informationen und Veranstaltungshinweise. Eine tolle Hilfe für alle Labyrinthfans.

www.mymaze.de
Erwin Reißmann hat eine interessante und übersichtliche Homepage über Labyrinthe aufgebaut. Dazu gibt es einige reizvolle Animationen und eine wachsende Fotogalerie.

www.tritonus.biz
Ralph Becker baut sehr schöne Holzkugellabyrinthe. Auf seiner Homepage kann man sich verschiedene Modelle anschauen und bestellen.

www.das-labyrinth.at
Ilse Seifried ist eine der engagiertesten »Labyrinthfrauen« in Österreich. Sie organisiert Labyrinthausstellungen und Fachtagungen und sammelt auf ihrer Homepage die wichtigsten Informationen über neu gebaute Labyrinthe und Veranstaltungen zum Thema in Österreich.

www.labyrinth-project.ch
Fünf Gehminuten vom Hauptbahnhof in Zürich, auf der Zeughauswiese im ehemaligen Kasernenareal, haben Frauen 1991 einen Labyrinthgarten angelegt. Die Bevölkerung wurde eingeladen, sich an der Gestaltung und Pflege zu beteiligen. Es entstand ein Begegnungsort, der zusätzlich jedes Jahr durch ein vielfältiges Programm belebt wird. Die Idee, Labyrinthe als öffentliche Plätze der Begegnung zu etablieren, hat weite Kreise gezogen und viele ähnliche Orte europaweit entstehen lassen. Der Labyrinthplatz Zürich ist auch heute noch Inspiration und Zentrum für viele.

www.labyrinthos.net
Jeff Saward gründete 1980 in England die Labyrinthgesellschaft Caerdroia, um die sich die Labyrinthinteressierten versammelten und die jährlich einmal eine Fachzeitschrift herausgibt, in der die neuesten Ergebnisse der Labyrinthforschung und die Entwicklung der Labyrinthgeschichte veröffentlicht werden.

www.labyrinthsociety.org
Die amerikanische Labyrinthgesellschaft setzt voll auf das Internet. Mit viel Aufwand hat sie eine Homepage und eine Verbindung zu allen Labyrinthinteressierten aufgebaut. Hier findet man alles von »Rang und Namen« in der amerikanischen Labyrinthszene und eine weltweite Labyrinthliste.

www.labyrinthproject.com
Robert Ferré ist in Amerika der größte Hersteller von tragbaren Labyrinthmatten. Er hat das Ziel, die weltweit umfangreichste Linksammlung zum Thema aufzubauen. Ein Blick auf seine Homepage zeigt, dass er schon sehr weit ist.

Wie wird ein Labyrinth konstruiert? Zu sehen auf www.youtube.com unter »Labyrinth zeichnen«.

Labyrinthe in Deutschland

Ort	Jahr	Typ	Erbauer	Ausführung
Labyrinthe in Kircheninnenräumen				
Freiburg/St. Konrad	1995	gotisch (rund)	Reinhold Nann	Platten zwischen Hoch- und Volksaltar
Hohenberg bei Ellwangen/Jakobskirche	1985	gotisch (achteckig)	Pfarrer Sieger Köder	Fliesen mit einer Muschel, die eine Perle in der Mitte enthält
Kölner Dom	1977	gotisch (achteckig)	Dombaumeister Wolff	Marmor (zur Fertigstellung des Domes im Abgang zur Krypta angebracht)
Ostrach/St. Pankratius	1998	neue Form	Andreas Dilthey	Einlegearbeit
Scheidegg im Allgäu/Evangelische Kirche	1999	eigenes Design	Idee: Peter Bauer Ausführung: Max Schmelcher	farbiger Beton, Glasfenster
Trierer Dom	1974	gotisch (acht Umgänge)		Steinmetzarbeit im Altar
Labyrinthe im Freien (Auswahl)				
Augsburg/St. Sebastian	1991	Chartres	Heinz Naab	Tonziegel
Bad Kissingen	2002	klassisch	Hubertus Wehner	35 verschiedene Materialien
Benediktbeuren	2001	dreigängig	Zentrum für Umwelt	Pflanzung
Bösdorf bei Plön	2002	Chartres	Burggrabe/Bartholomäi	Pflasterung
Darmstadt/W.-Hauff-Schule	2001	klassisch		Mosaik
Dinkelscherben	1997	Boughton Green	Rosmarie Lang	Lechkiesel
Disibodenberg	1996	klassisch	Gundula Friedman	Erde
Dörnberg	1985	klassisch	Kunsthochschule Kassel	Vulkansteine
Dresden	2001	klassisch	katholische Pfarrei	Granit
Erlangen	2002	dreigängig	Erwachsenenbildungszentrum	Pflastersteine
Feldkirchen/Schloss Altenburg	1998	eigene Form	Haus der Stille	Steinplatten
Framersheim	2000	klassisch	Rita Breuder	Steine
Graitschen	um 1630	klassisch (elf Umgänge)		Rasen
Grumbach	2002	klassisch	Haus der Stille	Bruchsteine
Hannover/Eilenrieder Forst	17. Jh.	baltisch		Rasen
Heersum	1990	Chartres		Hecken
Hilzingen/Schloss Weiterdingen	2001	neue Form	Schloss Weiterdingen	Bepflanzung
Himmelkron/Autobahnkirche	1998	Chartres	Pfarrer Karl-Heinz Weißer	Pflastersteine
Hofheim-Langenheim	1996	klassisch	evangelische Kirchengemeinde	Rasen
Icking	2003	neue Form	evangelische Kirchengemeinde	Steinplatten
Kaufbeuren/Jordanpark	2002	baltisch	KaufbeurerInnen	Rasen
Köln/St. Severin	um 1970	Amiens		Pflaster
Lörrach	2001	klassisch	Rafaela Schmakowski	Kies

Labyrinth aus Backofenziegel im Franziskanischen Zentrum
St. Sebastian in Augsburg/Deutschland

Ort	Jahr	Typ	Erbauer	Ausführung
Mellatz	2001	Chartres	Combonihaus	Pflanzung
München/Rathausinnenhof	um 1900	Amiens	Georg von Hauberrisser	Pflaster
Nellingen/Ostfildern	1992	klassisch	Labyrinthfrauen	Beetanpflanzung
Nürnberg	1996	klassisch	Frauengesundheitszentrum	Steine
Oldenstadt/Uelzen	2000	klassisch	Rafaela Schmakowski	Kies
Plech	1999	klassisch	Thurn / Gebhardt	Dolomit
Pommersfelden	1998	Chartres (sieben Umgänge)	Heidi Rippel	Granit/Porphyr
Siegen	1995	Chartres	Kirche Peter und Paul	Pflasterung
Sießen/Bad Saulgau	2003	gotisch	Kloster Sießen	Steine in Rasen
Sprockhövel	1999	Amiens	St. Januarius	Pflasterung
Steigra	um 1650	klassisch (elf Umgänge)	ein schwedischer Soldat?	Rasen
Viersen	2002	klassisch	Vossen/Köhler	Steinblöcke
Wangen/St. Martin	2002	neue Form	Ubbo Enninga	Pflasterung
Weismain	2002	klassisch	Heidi Montag	Mosaik
Westernohe	2003	klassisch	Peter Hofacker	Großkiesel
Wetzlar	2003	klassisch	Labyrinthprojekt	Pflastersteine
Wiesbaden/Schloss Freudenberg	2000	klassisch	Erfahrungsfeld der Sinne	Steine
Würzburg/Haus St. Benedikt	1991	klassisch	Beatrice Grimm	Natursteine
Zazenhausen	1992	Chartres	evangelische Kirchengemeinde	Pflastersteine

Labyrinthe in der Schweiz

Basel	2002	klassisch	Labyrinthfrauen	
Bern	1997	klassisch	katholische Universitätsgemeinde	
Binningen	1996	Otfriedlabyrinth	katholische Kirche	rote Pflastersteine
Bubikon	1995	Chartres	reformierte Kirche	
Dentenberg	1996	klassisch	Regula Wyss	Pflanzen
Flims	1996	klassisch		Holz, Heilpflanzen
Flüeli-Ranft	1991	klassisch	Haus St. Dorothea	
Göschener Alp	2003	neue Form	Heidi Gisler-Brun	Wasserlabyrinth
Guggisberg	1995	klassisch	Keltenhaus	
Hindelbank	1997	neues Design	Agnes Barmettler	Rasen und Pflasterung
Hitzkirch	1993	Chartres	katholische Kirche	
Hölstein/Leuenberg	1995	klassisch	Tagungszentrum	Steine
Immensee	1996	gotisch	Bethlehem Mission	Kies im Rasen
Leuenberg	2003	klassisch	Tagungszentrum	Rasenlabyrinth
Luterbach	2002	klassisch	Ruedi Scheiwiller	Steine, Erde

Ort	Jahr	Typ	Erbauer	Ausführung
Männedorf/Boldern	1995	baltisch (acht Umgänge)	S. Kramer-Friedrich	Rasenlabyrinth
Münsingen	2000	baltisch (sechs Umgänge)	PZM / Regula Wyss	Kiesweg
Rüti-Fägswil	1992	neues Design	Agnes Barmettler	Steine
Speicher	1989	Chartres	katholisches Pfarrzentrum	aufgemalt auf Asphalt
Verborga-Pischasee	1993	klassisch		Wasser-Land-Labyrinth
Windisch	1994	klassisch	Klinik Königsfelden	Rasenlabyrinth
Wurmsbach	1992	Chartres	Kloster	Pflasterung
Zürich/Seeburgpark	1994	neues Design	Labyrinthfrauen	Pflanzung
Zürich/Zeughaushof	1986	mehrere	Labyrinthfrauen	Pflaster und Pflanzung

Labyrinthe in Österreich

Bad Tatzmannsdorf/Kurpark	1996	klassisch	Kurbad AG/Gernot Candolini	eingefasste Pflanzung
Emmersdorf bei Melk	2005	klassisch	F.X. Kerschbaumer/Gernot Candolini	große Donausteine
Gurk/Gästehaus Hemma	2003	Chartres	Salesianerinnen	Pflaster in Wiese
Haag/Welt der Sinne	2002	klassisch	Gemeinde Haag	Holzstämme
Heiligenkreuz bei Graz	1995	Chartres	Haus der Stille	Pflastersteine
Höchst/Pfarrkirche	2003	gotisch	Pfarrgemeinde	Pflasterung
Innsbruck/Stadtpark	2002	klassisch	Gemeinde/Gernot Candolini	eingefasste Pflanzung
Kirchberg a. Wechsel	2002	klassisch	Kloster Kirchberg	Kiesweg im Rasen
Lienz/Gaimberg	2005	klassisch	Gemeinde/Gernot Candolini	Steine und Farn
Loipersdorf/Steinpark	1985	klassisch	Erich Strasky	Flusssteine
Maria Alm/Friedhof	2003	gotisch	Gemeinde/Walter Rinnerthaler	Kiesweg im Rasen
Obdach/Schule	1997	klassisch	Marianne Ewald	Steine
Oberleis/Jugendzentrum	1999	Ravenna	Pfarrgemeinde	Pflastersteine
Pöllau/Naturpark	1997	Sonderform	Jörg Purner	Steinplatten
Pöllau/Stiftsgarten	1996	klassisch	Heribert Hirschegger	Steine
Schreibersdorf/Steinbruch	2003	klassisch		Steinsetzung
St. Georgen/Schloss Laubegg	2002	eigene Form	Krecht	Pflasterung
St. Georgen a. L.	2002	klassisch	Bildungshaus	Pflasterung
Südstadt/Pfarrkirche	1999	Chartres	Pfarrgemeinde	Pflastersteine
Thaya	2001	gotisch	Willi Engelmayer	Rasenlabyrinth
Wien/Schloss Schönbrunn	2002	Sonderform	Bundesgärten/Gernot Candolini	Pflanzung
Wiener Zentralfriedhof	2000	klassisch	Christof Riccabona	Steinritzung

PS: Es gab in den letzten Jahren sehr viele Labyrinthprojekte, so dass die angegebenen Orte nur eine kleine Auswahl sein können. Wichtige Ergänzungsvorschläge oder Verbesserungen bitte an folgende Adressen: Gernot Candolini: www.labyrinthe.at oder Silke Wolf: www.begehbare-labyrinthe.de

Labyrinth aus Steinen und Kräutern in Lovranske Vile/Kroatien

Kopiervorlagen

Das Labyrinth begleitet die Geschichte des Menschen seit langer Zeit. Es ist ein geheimnisvolles und tiefgründiges Symbol. Wer ein Labyrinth betritt, wird gefangen genommen und doch einen klaren und eindeutigen Weg geführt. Es ist ein Weg, der dem Leben gleicht. Verschlungen, unübersichtlich und verwirrend. Wer aber das ganze Labyrinth überblickt, ist fasziniert von seiner Schönheit. Das Labyrinth ist wie ein Spiegel, ein Spiegel für das Geheimnis des Lebens.

Auf den folgenden Seiten werden Sie mitgenommen auf die jahrtausendelange Reise des Labyrinths durch die verschiedensten Kulturen. Sie werden eingeladen, das Labyrinth zu ertasten, zu erspüren, zu begehen, zu bemalen oder es in irgendeiner anderen Form zu verwenden. Sie werden eingeladen, die große Kraft des Labyrinths zu erfahren.

Hinweise

Im Folgenden werden die Leser mit »du« angesprochen. Dies erfolgt sowohl im Hinblick auf die Arbeit mit Kindern und Jugendlichen als auch wegen der bewusst unmittelbaren Ansprache bei den meditativen Übungen. Ich bitte um Verständnis.

Jeder Labyrinthvorlage sind einige Tipps beigefügt. Freilich sind Ihrer Fantasie keine Grenzen gesetzt und fast alle Anregungen lassen sich auch auf andere Vorlagen anwenden.

Fast alle vorliegenden Labyrinthzeichnungen sind allgemeines Kulturgut und daher uneingeschränkt als Kopiervorlagen und auch als Vorlagen für den Bau eines Labyrinthes verwendbar. Bei einigen Labyrinthen besteht jedoch ein Urheberrecht. Dies ist bei den jeweiligen Vorlagen mit © vermerkt. Falls beabsichtigt ist, ein derartiges Labyrinth als permanentes Bauwerk zu errichten, ist unbedingt über den Verlag oder das Internet der Besitzer des Urheberrechts zu kontaktieren. Abdrucke in verkäuflichen Druckerzeugnissen bedürfen wie üblich der Zustimmung des Verlags.

1. Das klassische oder kretische Labyrinth

Tipp 1 Dieses Labyrinth kann sehr leicht mit beliebigem Material am Boden ausgelegt werden.

Tipp 2 Konstruiere dein eigenes Labyrinth. Von der Konstruktionsmethode (s. S. 24) ausgehend, können verschiedene Varianten versucht werden.

Tipp 3 Das Labyrinth ist auch ein Symbol für die Verbindung von Himmel und Erde. Male die untere Hälfte des Labyrinths mit »erdigen« (Grün, Braun, Rot) und die obere Hälfte mit »himmlischen« (Blau, Gelb, Weiß) Farben aus.

Das klassische Labyrinth ist die älteste bekannte Labyrinthform.
Sie entstand im Mittelmeerraum und hatte sich bereits im Altertum weltweit verbreitet.
Das Labyrinth wurde in Felsen oder Ton geritzt, aufgemalt, ausgelegt oder auf Münzen geprägt.
Damit wurde das labyrinthische Gefängnis des Minotaurus, eines mythischen Stier-Mensch-Ungeheuers, dargestellt.
Der griechische Held Theseus hat dieses Ungeheuer im Labyrinth besiegt.
Das Labyrinth bekam über diese Geschichte hinaus eine allgemeine symbolische Bedeutung
für Gefangensein und Befreiung, Tod und Leben, Unterwelt und Rettung.

Das klassische oder kretische Labyrinth, aus: *Die Faszination der Labyrinthe*, Kösel-Verlag

2. Das klassische oder kretische Labyrinth (rechteckig)

Tipp 1 Einfach und rasch lässt sich ein Labyrinth in rechteckiger Grundform auslegen. Bretter, Strohballen, Schnüre, Papierrollen oder alte Zeitungen sind dafür gut geeignet.

Tipp 2 Zeichne das Labyrinth mit einem Ritzstift in eine Tonplatte. Fülle die Vertiefungen mit Glasierfarbenpulver aus und lasse es brennen. Das Loch zum Aufhängen nicht vergessen.

Das klassische Labyrinth kann auch rechteckig gezeichnet werden.
Solche Labyrinthe findet man auf kretischen Münzen, als Mosaike, in alten Handschriften oder als Holzschnitzereien.
Es haben sich sogar Beispiele von 2 000 Jahre alten rechteckigen Labyrinthen erhalten,
die offensichtlich zum Zeitvertreib als Graffiti auf Hauswände gekritzelt wurden.
Diese Labyrinthvorlage ist von einer kretischen Münze abgezeichnet,
die im Kunsthistorischen Museum in Wien aufbewahrt wird.

Das klassische oder kretische Labyrinth (rechteckig), aus: *Die Faszination der Labyrinthe*, Kösel-Verlag

3. Der Ariadnefaden

Tipp 1 Dieses Labyrinth kann man besonders gut im Schnee austreten.

Tipp 2 (Partnerübung) Der Mann überlegt sich ein wichtiges Ziel, das er erreichen will. Er nimmt einen blauen Stift und fährt damit entlang der Linien zur Mitte. Dann nimmt er einen roten Stift und schließt die Augen. Die Frau nimmt seine Hand und führt sie den Labyrinthweg entlang wieder heraus. Ein interessantes Partnergespräch kann beginnen; zum Beispiel mit der Frage, die er an sich richtet: »Kann ich ihr vertrauen?«, oder mit der Frage, die sie sich stellt: »Kann ich ihn führen?«

Tipp 3 Die Labyrinthform mit dem Rasenmäher ca. einen Meter breit ausmähen. Alle nehmen ein langes Seil in die Hände und laufen beziehungsweise tanzen in das Labyrinth hinein und wieder heraus. Wenn für den »Ariadnetanz« eine Begleitmusik gewählt wird, sollte man bedenken, dass der Tanz sicher länger als zehn Minuten dauert.

Der Weg durch das Labyrinth wird als Ariadnefaden bezeichnet.
Als Theseus sich aufmachte, gegen den Minotaurus im Labyrinth zu kämpfen,
gab ihm die kretische Prinzessin Ariadne einen Faden mit, damit er aus dem Labyrinth auch wieder herausfinden konnte.
Daher kommt die Redewendung »Den Faden nicht verlieren!«.
Der Faden der Ariadne ist aber auch ein Symbol für die Liebe: Der Mann sollte nach seinen »Heldentaten«
zur Frau zurückfinden. Das ist manchmal ganz schön »labyrinthisch«.

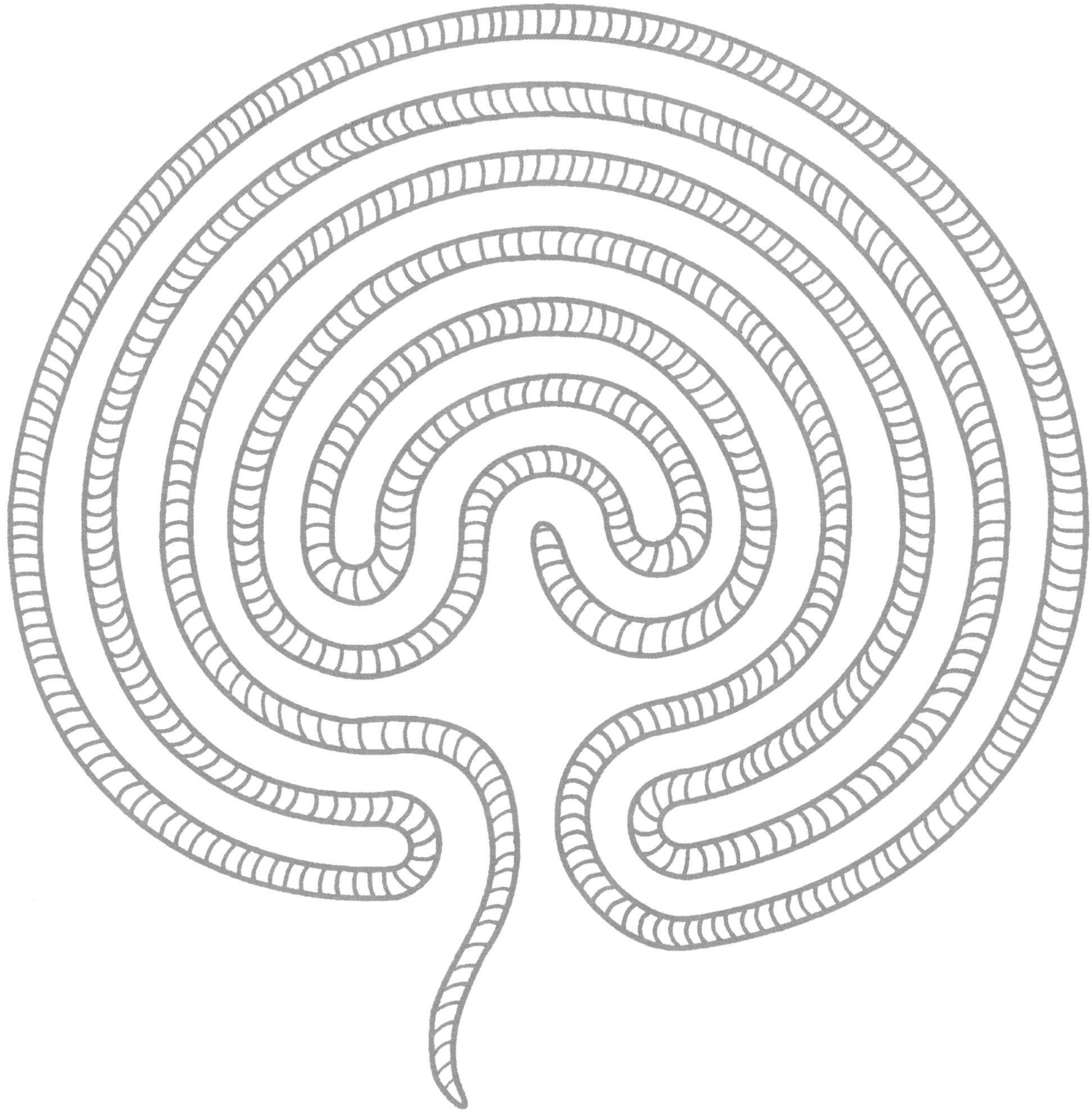

Der Ariadnefaden, aus: *Die Faszination der Labyrinthe*, Kösel-Verlag

4. Felsbild aus Libyen

Tipp 1 Male das Bild mit kräftigen, erdigen Farben aus.

Tipp 2 Starte beim Eingang (Verdickung des Spiralendes unter den Vorderbeinen) und fahre die Linien entlang.
Was erzählt dieses Bild über Vater, Mutter und Kind?
Was erzählt dieses Bild über die eigene Mutter?

Tipp 3 Wer die Doppelspirale mit dem Rasenmäher auf einer Wiese ausmäht, hat eine interessante Rennbahn, mit der sich lustige, aber auch meditative Spiele machen lassen.

Auf dieser 10 000 Jahre alten Felsgravur aus dem Tassili Gebirge in der libyschen Sahara
ist ein Rind dargestellt mit einer seltsamen Doppelspirale.
Die Doppelspirale ist vermutlich ein Symbol für Mutter und Kind, die durch die Nabelschnur verbunden sind.
Die Verbindung zwischen Rind und verschlungenen Pfaden erinnert jedoch
auch an die Minotaurus-Geschichte.
Wenn man die Spirale nachfährt, entsteht ein interessanter Weg,
der aufgrund der Abzweigungen viele Möglichkeiten eröffnet.
Der Eingang ist leicht zu finden, aber wo ist der Ausgang? Gibt es überhaupt einen?
Dieses Bild ist rätselhaft und niemand weiß genau, was es bedeutet.

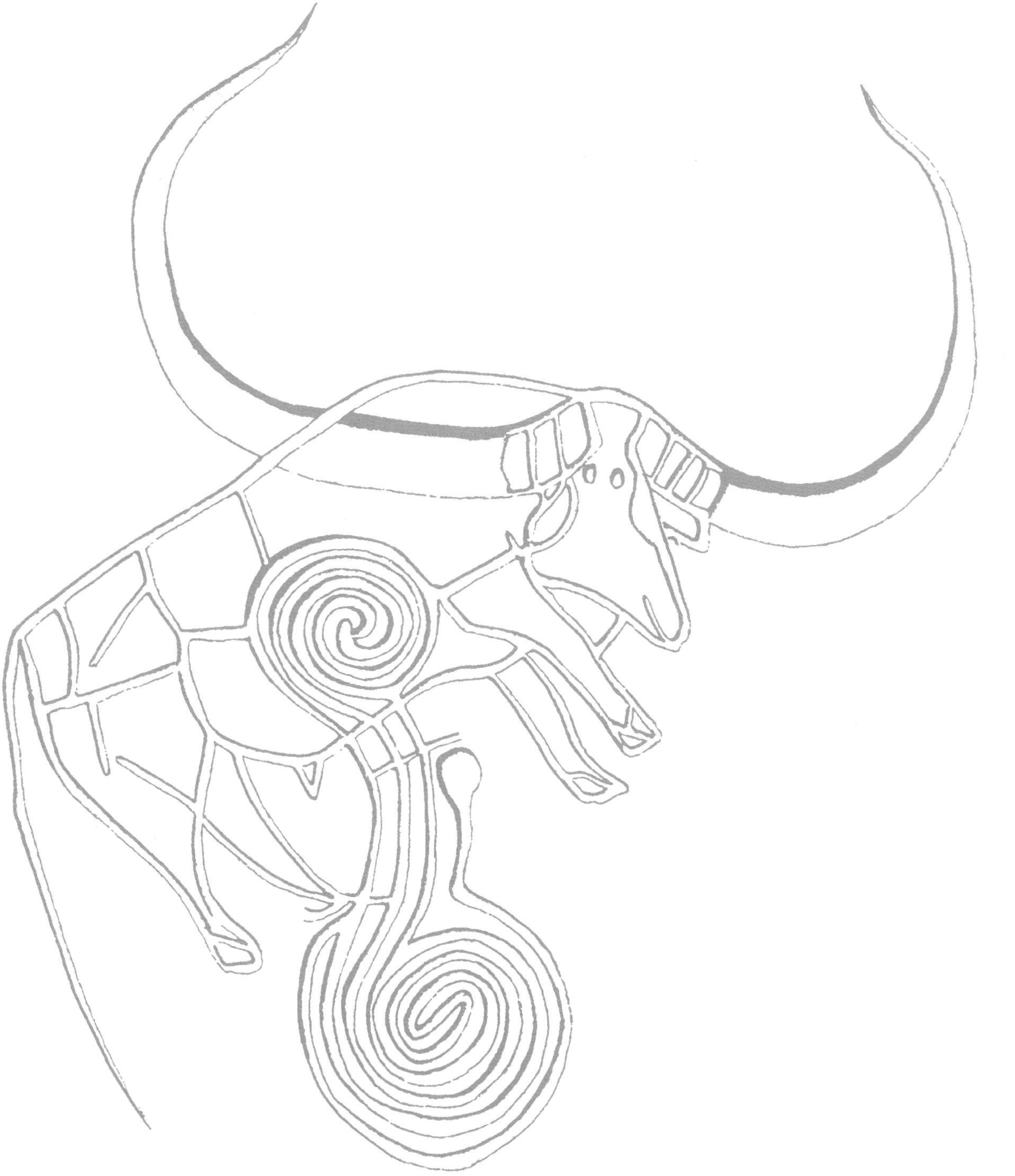

Felsbild aus Libyen, aus: *Die Faszination der Labyrinthe*, Kösel-Verlag

5. Römisches Labyrinth

Tipp 1 Male die grafischen Grundformen des Bildes (Quadrat, Dreieck, Kreuz) aus.

Tipp 2 Nimm eine 60 x 60 Zentimeter große Pressspanplatte und klebe mit kleinen Leisten (ca. 1 x 0,5 Zentimeter) das Labyrinth auf. Nimm die Platte in beide Hände, lege eine Murmel in den Eingang und bewege die Platte so, dass die Murmel zur Mitte rollt.
Selbst wenn uns als Erstes immer gleich ein Spiel auf Zeit einfällt – das auch viel Spaß macht –, sollte man auch das ruhige, gemächliche Durchlaufen versuchen. Es ist eine ausgezeichnete Übung für unseren Gleichgewichtssinn, ein Training zur Verbindung beider Gehirnhälften und eine konzentrierte Meditationsform.

In der römischen Kultur entwickelte sich ein neuer Labyrinthtyp.
Bei diesem Labyrinth wird immer ein Quadrant ganz durchschritten, bevor es in den nächsten weitergeht.
Diese Labyrinthe wurden oft als Mosaike zu Dekorationszwecken in Bädern oder vornehmen Villen ausgelegt.
Meist waren sie zusätzlich mit Darstellungen aus der Theseussage geschmückt.
Die Römer liebten grafische Effekte.
Wer genau hinsieht, kann Vierecke, Dreiecke und Kreuze erkennen.

Römisches Labyrinth, aus: *Die Faszination der Labyrinthe*, Kösel-Verlag

6. Rundes römisches Labyrinth

Tipp 1 Betrachte das Mittelbild: Mit welcher Figur kannst du dich am ehesten identifizieren, und warum? Das Labyrinth umschließt die Figuren wie ein Gefängnis. Wollen sie heraus? Seltsamerweise beginnt der Ausgang aus der Mitte nicht an einer bestimmten Stelle, sondern es ist in jeder Richtung möglich, den Kreis zu betreten und loszugehen. Vielleicht ist das ein guter Rat für die eigene Lebenssituation: Egal, in welche Richtung, aber tue einen Schritt!

Tipp 2 Die Figur des Minotaurus ist im originalen Mosaik beschädigt und nicht mehr erkennbar. So ist auch das Böse im Leben oft schwer zu erkennen und zu bekämpfen. Denke nach, ob es etwas in deinem Leben gibt, das verdeckt ist, aber gegen das zu kämpfen gut und wichtig wäre.

Dieses Labyrinthmosaik stammt aus dem Palast des römischen Prokonsuls in Kato Paphos auf Zypern.
Es hat eine eigenwillige Linienführung und ist im Gegensatz zu den meisten römischen Labyrinthen rund.
Das Flechtband im Labyrinthweg stellt den Ariadnefaden dar,
im Mittelfeld findet ein Kampf zwischen Theseus und dem Minotaurus statt.
Dieser Kampf wird von drei Zuschauern beobachtet: von Ariadne, einer weiteren Frau und einem Mann;
wahrscheinlich stellen sie Pasiphaë und Minos dar, die Eltern von Ariadne.

Rundes römisches Labyrinth, aus: *Die Faszination der Labyrinthe*, Kösel-Verlag

7. Jericho als mondförmiges Labyrinth

Tipp 1 Kopiere und vergrößere das Bild auf DIN-A3-Format. Trage auf die dunkleren Linien Klebstoff auf. Bestreue das Ganze mit kleinen Samen. Hänge das Bild in die Küche oder ins Schlafzimmer.

Tipp 2 Vergrößere oder verkleinere das Labyrinth nach Bedarf. Schneide es aus und verwende es als Schablone für ein Henna-Tattoo. Wenn der Partner damit überrascht werden soll und fragt, was das ist, dann erzähle ihm, dass sich manche für eine Eroberung ziemlich Mühe geben.

Tipp 3 Schöne Vorlage zum Auslegen für einen Labyrinthtanz.

Labyrinthe finden sich häufig in der mittelalterlichen Buchmalerei.
Aus einer Sammelhandschrift des 12. Jh. aus St. Emmeram in Regensburg stammt dieses mondförmige Labyrinth, das die Stadt Jericho darstellen soll.
Die Stadt Jericho ist berühmt für ihre legendäre Eroberungsgeschichte.
Siebenmal zogen die Israeliten um die Stadt, so wie auch das klassische Labyrinth sieben Umgänge hat.
Vermutlich deshalb wurde das Labyrinth als symbolische Darstellung für diese Stadt gewählt.
Die Schrift beim Labyrinth lautet: »Urbs Iericho Lune fuit assimilata figure«.
Das heißt übersetzt: Die Stadt Jericho war von mondähnlicher Gestalt.

Jericho als mondförmiges Labyrinth, aus: *Die Faszination der Labyrinthe*, Kösel-Verlag

8. Die Stadt Jericho im Labyrinth

Tipp 1 Falls man ein Labyrinth bauen möchte, aber nur für sechs oder fünf Umgänge Platz hat, so ist dies die richtige Vorlage. Bei fünf Umgängen wird einfach der innerste Kreis weggelassen. Besonders bei Kerzenlabyrinthen verwendet man besser kleinere Labyrinthe, weil sie nicht so viel Material benötigen.

Tipp 2 Male den Weg durch das Labyrinth, den Faden, rot an.

Tipp 3 Lege das Labyrinth mit Ziegel- oder Pflastersteinen aus. Fast jede Bauwarenhandlung hat entsprechende Materialien, die für andere Zwecke nicht mehr verwendet werden können. Von der Größe her genügt es, wenn man gerade noch durch die Gänge durchgehen kann.
Für eine Labyrinthmeditation oder ein Gebet ist dieses Labyrinth in zwei Richtungen besonders geeignet: entweder um eine Schutzmauer aufzurichten, wenn in der Seele etwas geschützt werden muss, oder um Schutzmauern abzubauen, wenn Mauern bei dir oder einem anderen abgerissen werden müssen.

In der Farhi Bibel, einem hebräischen Testament aus dem 14. Jh.,
das in Spanien geschrieben wurde
und sich heute in einer Privatbibliothek in Jerusalem befindet, gibt es diese ganzseitige Miniatur.
Hier werden die Mauern der Stadt Jericho als Labyrinth gezeichnet.
Der Eingang ist ein fest verschlossenes Tor. Das Labyrinth hat zwar die klassische Form, aber nur sechs Umgänge.
Die entsprechende biblische Geschichte kann im Buch Josua (Kap. 2 und Kap. 6)
nachgelesen werden.

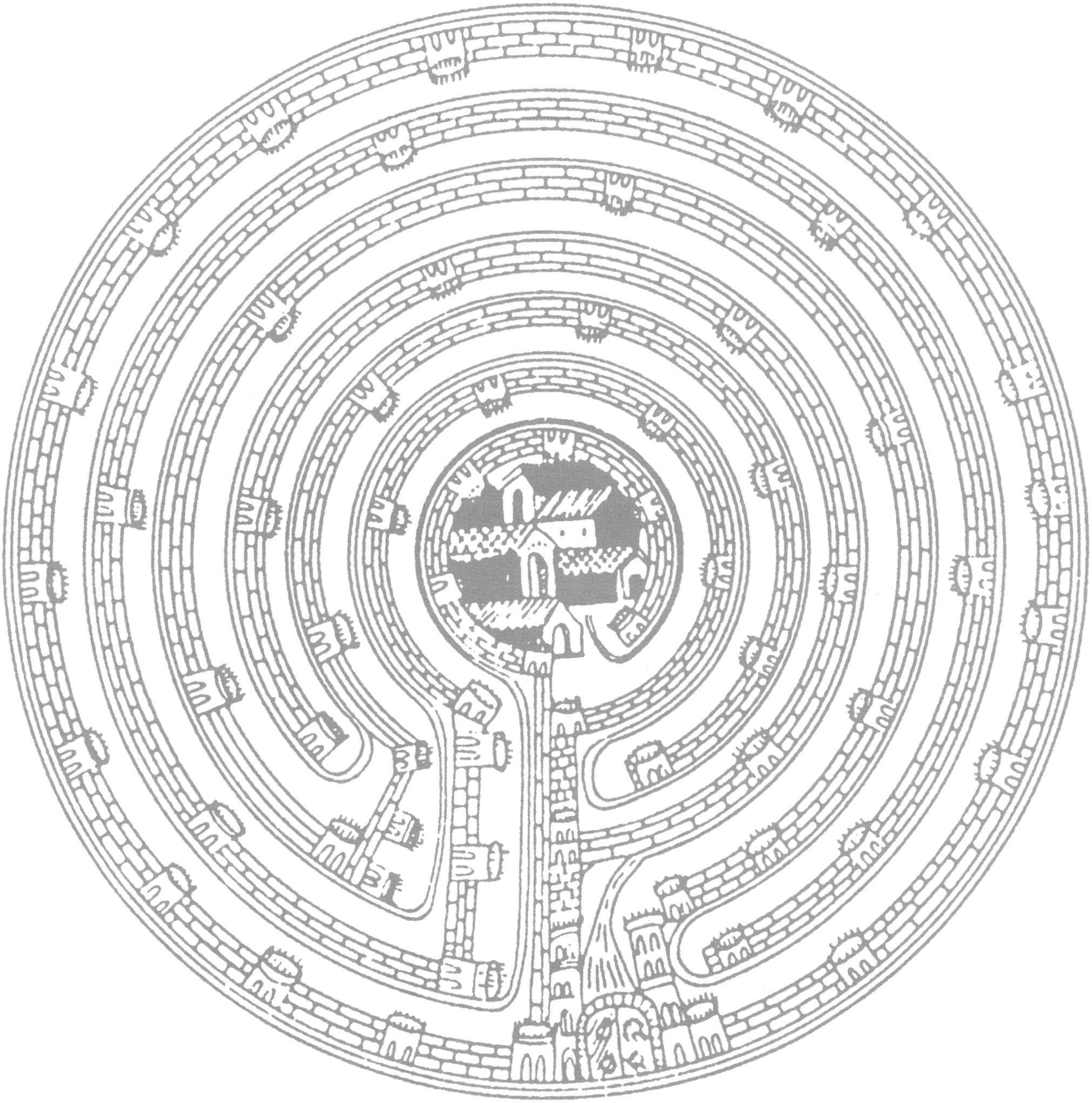

Die Stadt Jericho im Labyrinth, aus: *Die Faszination der Labyrinthe*, Kösel-Verlag

9. Das Otfridlabyrinth

Tipp 1 Fahre das Labyrinth mit dem Finger ab. Hast du es beim ersten Mal geschafft oder gehörst du zu den vielen, die kurz vor dem Ziel unkonzentriert werden?

Tipp 2 Male jeden Bogen in einer anderen Farbe aus.

Tipp 3 Schreibe in drei oder vier beliebige Bögen Namen von Personen, die du verloren hast. Fahre nun das Labyrinth mit einem Stift ab und wenn du zu den Namen kommst, denke oder sprich den Satz: »Danke, dass ich dir begegnen durfte.« Verweile ein wenig in deinen Erinnerungen und sprich dann: »Danke für deine Nähe, ziehe in Frieden, ich muss nun weiter auf meinem Weg zur Mitte.«

Aus dem 9. und 10. Jh. kennen wir einige Labyrinthdarstellungen,
die eine Übergangsform zwischen klassischem und gotischem Labyrinth darstellen.
Sie werden auch Otfridlabyrinthe genannt, nach einem Priester,
der um 868 in der Klosterschule Weißenburg im Elsass eine althochdeutsch geschriebene Auswahl
von Evangelientexten vollendete. Auf dem Vorsatzblatt dieses Buches ist ein Labyrinth mit elf Umgängen abgebildet.
Eine zweite Abbildung zeigt eine Kreuzigung, die in Farbe und Größe mit dem Labyrinth genau übereinstimmt.
Das Buch mit dieser Labyrinthzeichnung hat sich erhalten und befindet sich heute
in der Österreichischen Nationalbibliothek in Wien.
Vom Benediktinerkloster in Weißenburg im Elsass existieren nur mehr Ruinen.

Das Otfridlabyrinth, aus: *Die Faszination der Labyrinthe*, Kösel-Verlag

10. Chartres

Tipp 1 Wer dieses Labyrinth in seinem Herzen trägt, der wird manches in seinem Leben mit großer Gelassenheit sehen und unbeirrt weitergehen.

Tipp 2 Diese Vorlage ist die richtige, wenn man ein großes christliches Labyrinth bauen will.

Tipp 3 Kopiere das Labyrinth auf DIN-A3-Format und schreibe in die Gänge (d)eine Geschichte.

Tipp 4 Um die Strukturierung des Weges besser überblicken zu können, kann der ganze Weg in vier bis sieben Farbabschnitte eingeteilt werden. Farbe 1 = Blau (fünf Wendungen), Farbe 2 = Grün (fünf Wendungen) usw.

Das Labyrinth in der Kathedrale von Chartres/Frankreich ist das bekannteste aller Labyrinthe.
In den mittelalterlichen Handschriften hatte sich schon ein neuer Labyrinthtyp angekündigt:
Das Kreuz wird in die Mitte des Labyrinths eingeschrieben.
Alle Wendungen werden an diesem Kreuz angeordnet.
Es entsteht das mittelalterlich-christliche oder gotische Labyrinth,
das in der Regel elf Umgänge hat.

Chartres, aus: *Die Faszination der Labyrinthe*, Kösel-Verlag

11. Chartres (original)

Tipp 1 Male das Labyrinth aus und beginne bei der Blume in der Mitte.

Tipp 2 Für Mathematikfans: Wie oft muss man sich wenden? Rechne alle Drehungen zusammen, die der Mensch, der dieses Labyrinth begeht, um seine eigene Achse macht.
Was könnten die 113 Strahlen (Zähne/Dornen) bedeuten? Möglicherweise muss man von 114 ausgehen, weil der fehlende Strahl beim Eingang hinzugezählt werden muss.
Welche mathematischen Besonderheiten verbergen sich noch im Labyrinth?

Tipp 3 Kopiere das Labyrinth (vielleicht etwas vergrößert) und schreibe in die Mitte ein Ziel, das du gerne erreichen möchtest.

Am Boden der Kathedrale von Chartres ist dieses Labyrinth um das Jahr 1216 ausgelegt worden.
Dieses Labyrinth ist formvollendet und von einer fast unerschöpflichen Symbolik.
Das Labyrinth von Chartres wird bei der Verwendung als Kopiervorlage oft vereinfacht.
Hier liegt eine möglichst genaue Abbildung des Originals vor.
Die Blume in der Mitte ist deutlich sichtbar und die Zahl der sie umgebenden »Strahlen«, nämlich 113, ist richtig.

Chartres (original), aus: *Die Faszination der Labyrinthe*, Kösel-Verlag

12. Das gotische Labyrinth (achteckig)

Tipp 1 Der erste Schritt ist oft der schwerste. Kopiere das Labyrinth so groß wie möglich. Stelle noch ein zweites Blatt her, das nur den Eingangsstein und seine Umgebung zeigt. Stell dich vor das Blatt. Überlege dir ein Ziel. Bedenke, ob du es wirklich willst. Wenn ja, dann mach langsam und bewusst den ersten Schritt in das Labyrinth hinein.

Tipp 2 In diese Vorlage nach dem Labyrinth von St. Quetin sind die einzelnen Steinplatten, aus denen das Labyrinth gebaut wurde, eingezeichnet. Male die Steine ohne Eile in verschiedenen Farben aus. Jeder Weg hat viele Schritte, auch solche, die als unbedeutend oder sogar unsinnig empfunden werden. Dennoch kann auf dem Weg zum Ziel keiner ausgelassen werden. Bedenke während des Malens die Ziele in deinem Leben, die dir unbedingt wichtig sind, und fasse dabei den Mut für die vielen kleinen Schritte, die zum Erreichen dieser Ziele notwendig sind.

*I*n fast allen nordfranzösischen Kathedralen der Gotik wurde im Eingangsbereich ein Labyrinth ausgelegt.
Es sollte zur persönlichen Einkehr der Kirchenbesucher dienen, zur Vorbereitung auf dem Weg zum Altar.
Das Labyrinth wurde aber auch für gemeinsame Tänze verwendet,
zum Beispiel für den Tanz der Kleriker im Anschluss an den Ostergottesdienst.
Das Achteck hat die besondere symbolische Bedeutung der Erneuerung. Sieben Tage hat die Woche,
am achten beginnt eine neue. Achteckige Labyrinthe gibt es heute noch in den Kathedralen von Amiens und St. Quetin.
Wer das achteckige Labyrinth genau betrachtet, erkennt darin das Malteserkreuz.
Das Labyrinth als Pilgerweg im Kleinformat und die Malteser als Orden zum Schutz und Betreuung der Pilger
stehen hier in geheimnisvoller Verbindung.

Das gotische Labyrinth (achteckig), aus: *Die Faszination der Labyrinthe*, Kösel-Verlag

13. Kathedrale von Sens

Tipp 1 Male das Labyrinth von außen nach innen mit immer heller werdenden Farben aus.
Male das Labyrinth entlang des Weges mit immer heller werdenden Farben an.

Tipp 2 Entdecke den kleinen Unterschied zwischen dem Wegverlauf dieses Labyrinths und dem von Chartres. Welcher Labyrinthweg spiegelt eher deine Lebenserfahrung? Ein Weg, auf dem man nach und nach das Ziel erreicht oder ein Weg, auf dem man anfangs rasch ganz in die Nähe des Zieles kommt und es dann immer wieder aus den Augen verliert, ehe man es doch überrascht erreicht?

Tipp 3 Der achteckige Mittelstein bildet zu dem runden Labyrinth einen starken Kontrast. Diese Vorlage kann Grundlage eines interessanten Gesprächs über Harmonie und Gegensätze sein. Man könnte versuchen, die Gegensätze durch farbliche oder grafische Gestaltung zu harmonisieren. Entsteht ein zufrieden stellendes Ergebnis? Kann auch das Nebeneinander, ja sogar die Verbindung von Kontrasten ein harmonisches Bild ergeben?

Dieses Labyrinth sieht aus wie jenes von Chartres, ist aber doch anders.
Der Weg führt nicht zuerst ganz zur Mitte und dann immer weiter nach außen, sondern nur halb hinein,
dann nach außen und dann immer weiter zur Mitte.
Das im 12. Jh. erbaute Labyrinth der Kathedrale von Sens/Frankreich kann leider nicht mehr begangen werden.
Es wurde 1768 aus einem nichtigen Grund herausgerissen.
Die Domverantwortlichen störte der Lärm der am Labyrinth spielenden Kinder.

Kathedrale von Sens, aus: *Die Faszination der Labyrinthe*, Kösel-Verlag

14. Kathedrale von Reims

Tipp 1 Wer sind die Baumeister in deinem Leben? Gib den vier Ecken die Namen der Personen, die an deinem Lebensweg entscheidend mitgebaut haben. Für die innere Person gibt es keine Vorgabe. Sie kann du selbst, dein liebster Mensch oder Gott sein. Vielleicht hast du sogar das Bedürfnis, dir die Mitte einmal ganz frei zu machen. Dann nimm eine weiße Abdecktinte.

Tipp 2 Fahre mit einem Bleistift das Labyrinth ab. Während du dich am Anfang des Weges befindest, suche einen einfachen Satz, der dich wie eine Bitte um Hilfe oder ein Segen begleiten soll. Wenn er gefunden ist, wiederhole ihn immer wieder. Fällt dir auf einmal ein anderer ein, steige auf den neuen Satz um. Ansonsten bleibe beim ersten. Schreibe die Sätze, die dir auf dem Weg gekommen sind, in das Labyrinth hinein.

Dieses achteckige Labyrinth hat zusätzlich vier Bastionen, in denen
die vier Baumeister der Kathedrale abgebildet waren.
Die Person in der Mitte war schon auf der nebenstehenden Zeichnung aus dem 16. Jh. nicht mehr zu erkennen.
Besonders die Stelle, an der sich der Kopf befand, war fast vollständig abgetreten.
Das Labyrinth wurde auch »Weg nach Jerusalem« genannt, und es gab ein Andachtsbüchlein
mit dem Titel »Stationen auf dem Weg nach Jerusalem, den es in der Kathedrale zu Unserer Lieben Frau in Reims gibt«.
Durch das Abschreiten des Labyrinths begab man sich also symbolisch auf eine Pilgerfahrt,
so, als würde man tatsächlich nach Jerusalem pilgern.
Das Labyrinth von Reims war sehr bekannt und wurde bis nach England kopiert (siehe Vorlage 33, S. 131).
Aber auch dieses Labyrinth wurde im 18. Jh. entfernt,
weil das lustige Treiben auf dem Labyrinth störte.

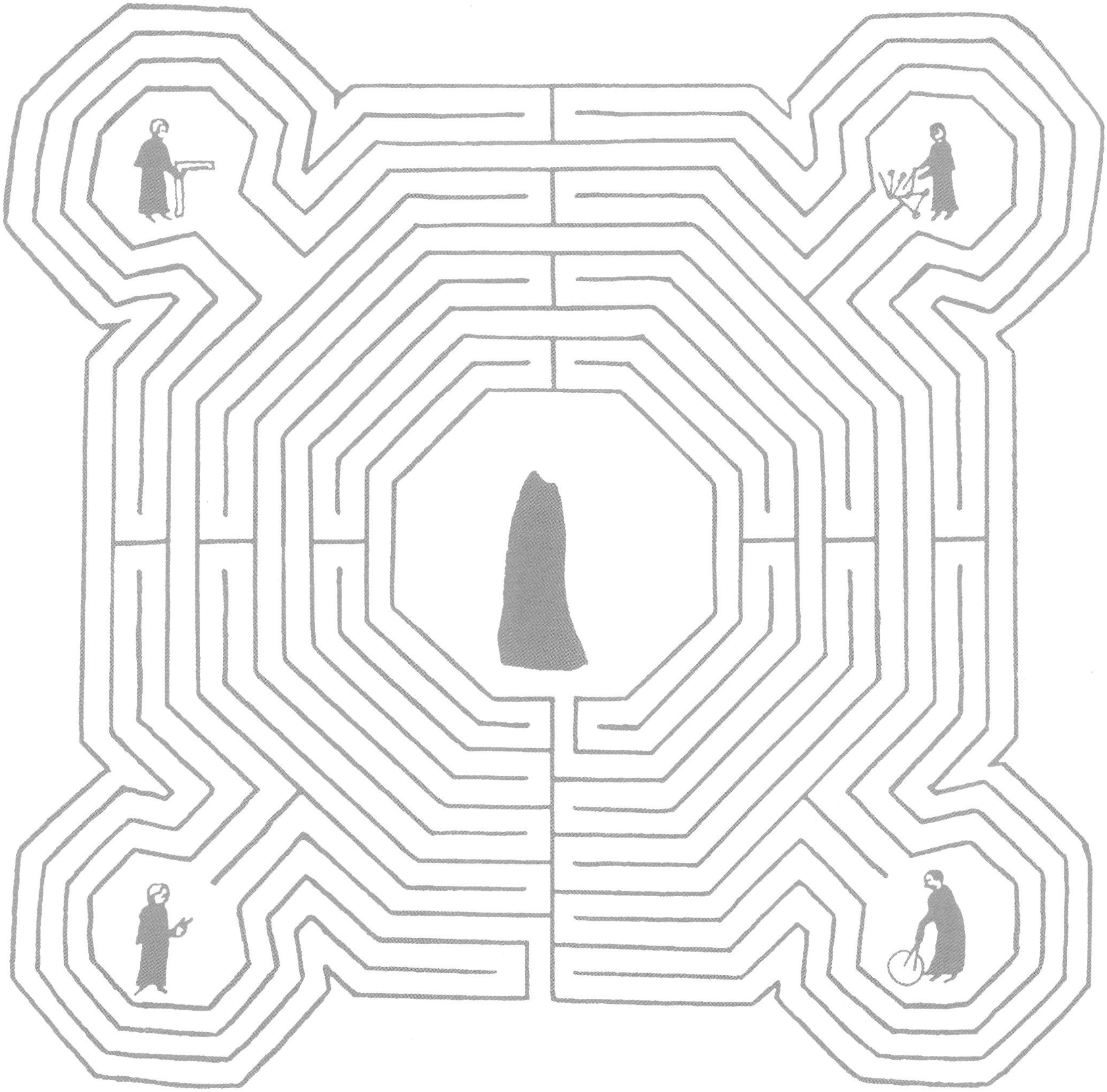

Kathedrale von Reims, aus: *Die Faszination der Labyrinthe*, Kösel-Verlag

15. Kathedrale von Bayeux

Tipp 1 Male die drei durchgehenden Bögen (1, 5, 10) gelb, die Mitte rot, das innere Labyrinth grün und das äußere Labyrinth blau aus.

Tipp 2 Das Labyrinth eignet sich gut als Wegvorlage für einen Tanz oder einen Umzug. In diesem Fall wird der innere Ring weggelassen, um Platz zu gewinnen.

Tipp 3 (Meditation zur Entscheidungsfindung) Male die drei durchgehenden Bögen in einer hellen Farbe aus. Fahre nun mit dem Finger gemächlich die Labyrinthlinien im äußeren Labyrinth nach und bedenke, welche Umstände und Überlegungen dich zu dieser Entscheidung geführt haben. Wenn du im äußersten Ring angekommen bist, überlege, ob noch etwas, das für diese Entscheidung eine Rolle spielt, vergessen wurde. Wenn du in das innere Labyrinth trittst, überlege, welche Konsequenzen aus deiner Entscheidung in der Zukunft folgen werden. Wenn du die Mitte erreicht hast, entscheide dich. Gehe anschließend noch einmal durch deine Gedanken zurück. Wenn du das Ende des Labyrinths mit einem guten Gefühl erreichst, war deine Entscheidung gut.

*D*ieses gotische Labyrinth ist in vieler Hinsicht besonders. Es wurde nicht im Hauptschiff der Kathedrale gebaut, sondern im Kapitelsaal. Es hat nur einen Durchmesser von fast vier Meter und war daher eher als Dekoration gedacht und nicht zum Begehen. Es bestand aus farbig glasierten Ziegeln, die Farbe ist aber heute restlos abgetreten.
Dieses Labyrinth hat eine faszinierende Symmetrie. Ganz außen (zehnter Bogen), in der Mitte (fünfter Bogen) und ganz innen (erster Bogen) wird der ganze Radius umlaufen.
Das Labyrinth wird somit zweigeteilt – in einen äußeren und einen inneren Weg.

Kathedrale von Bayeux, aus: *Die Faszination der Labyrinthe*, Kösel-Verlag

16. Châlons-sur-Marne

Tipp 1 Nimm dir die Zeit, die es braucht, dieses wunderschöne Mandala mit Farbstiften auszumalen. Während du arbeitest, steht ein zuvor aufgestelltes Kärtchen da mit dem Satz: »Der Mensch überschätzt leicht, was er in einem Jahr schafft, aber ebenso unterschätzt er, was er in zehn Jahren schafft.«

Tipp 2 Acht Greife umlagern eine Labyrinthblume. Auch wenn es geflügelte Drachen sind, vermögen sie keine Angst zu verbreiten. Genauso, wie die verschlungenen Wege nicht das Gefühl der Orientierungslosigkeit verbreiten, sondern sich zu einer harmonischen Blüte entfalten. Ist mein Leben auf dieser Erde in all seiner Bedrohung und Verschlungenheit nicht auch so schön?

In den Trümmern der Klosterkirche von Châlons/Frankreich, die 1544 zerstört wurde,
wurden zahlreiche glasierte Ziegel gefunden, mit denen der Fußboden ausgelegt war.
16 Ziegel bildeten jeweils ein Motiv, darunter dieses faszinierende Labyrinthmandala.
Vier kretische Labyrinthe sind zu einer Blüte zusammengestellt,
die von einem Band mit acht einander zugewandten Greifen umgeben sind.
Diese Vorlage stammt von einer Zeichnung aus dem Jahr 1850.
Ob die Originalziegel noch erhalten sind, weiß man nicht.

Châlons-sur-Marne, aus: *Die Faszination der Labyrinthe*, Kösel-Verlag

17. Ravenna

Tipp 1 Gehe vom Mittelstein aus entlang der Pfeile aus dem Labyrinth heraus. Wenn die Muschel erreicht ist, überlege, ob es nicht Zeit ist, in irgendeiner Form aufzubrechen, wieder auf die Wanderschaft zu gehen, einen neuen Schritt zu tun und der Pilgerseele, die in uns Menschen wohnt, wieder einen Weg zu schenken.

Tipp 2 Dieses Labyrinth hat die kleine Form des gotischen Labyrinths (sieben Umgänge statt elf) und eignet sich sehr gut zum Auslegen, Austreten (zum Beispiel im Schnee) oder Bauen bei begrenzten Platzverhältnissen.

Der Dom San Vitale in Ravenna/Italien ist für seine außerordentlichen Mosaike berühmt.
Aber auch das achteckige Muster am Boden ist eindrucksvoll.
Auf der Altar zugewandten Seite liegt ein Labyrinth.
Es ist ein mittelalterlich-christliches Labyrinth, vermutlich aus dem 16. Jh.,
allerdings mit nur sieben Umgängen.
Der Weg des Labyrinths ist von innen nach außen mit Pfeilen markiert
und führt zu einer Muschel.
Die Muschel ist ein Zeichen der Erneuerung und der Pilgerschaft.

Ravenna, aus: *Die Faszination der Labyrinthe*, Kösel-Verlag

18. Boughton Green

Tipp 1 Male das Labyrinth von Gelb über Orange nach Rot aus. Einmal von innen nach außen, immer in der Bewegung der Spirale bleibend, ohne auf die Wendungen zu achten. Ein zweites Mal in den gleichen Farben, aber dem Labyrinthweg folgend.

Tipp 2 Wenn die innere Spirale weggelassen wird, entsteht ein gotisches Labyrinth mit acht Umgängen. Wer nicht viel Platz hat und eine große Mitte braucht, kann von dieser Vorlage ausgehen.

Tipp 3 Dieses Labyrinth, am Boden aufgemalt oder aufgeklebt, eignet sich auch sehr gut, um darauf verschiedene Kreistänze zu tanzen und zwischen jedem Tanz durch das Labyrinth zu gehen.

In England entwickelte sich der Brauch, Labyrinthe im Rasen auszustechen.
Vermutlich hatten englische Pilger die Labyrinthe in den französischen Kathedralen gesehen und machten diese nach.
Da diese Labyrinthe in bestimmten Zeitabständen renoviert und nachgestochen werden mussten,
haben einige ihre Form im Laufe der Zeit verändert.
Im Labyrinth von Boughton Green in Northhamptonshire/England entstand so in der Mitte eine Spirale
und auch sonst eine etwas eigenwillige, aber auch reizvolle Form.
Es wird berichtet, dass der Lauf durch das Labyrinth ein großes Ereignis bei einem dreitägigen Jahrmarkt war,
der seit 1353 belegt ist.
Vielleicht stammt das Labyrinth bereits aus dieser Zeit? Heute ist es leider zerstört.

Boughton Green, aus: *Die Faszination der Labyrinthe*, Kösel-Verlag

19. The Shepard's Race

Tipp 1 Vergleiche dieses Labyrinth mit dem von Reims. Mit großer Wahrscheinlichkeit waren diese beiden Labyrinthe ursprünglich genau gleich aufgebaut.

Tipp 2 Neben anderen Labyrinthen gibt es auch dieses im Handel als Kugelspiel eingefräst in eine Holzplatte. Es kann neben seiner Verwendung als Meditationsübung oder Geschicklichkeitsspiel auch als interessantes Partnerspiel benutzt werden: Zwei Personen fassen mit Daumen und Zeigefinger die »Ohren« (»Bastionen«). Nun müssen sie versuchen, eine Murmel durchlaufen zu lassen, ohne dass diese herunterfällt. Ehepartner, Teamteilnehmer, die zusammenarbeiten müssen, etc. lernen hier, wie bei einem Tanz sich gut aufeinander einzustellen. Ein Gespräch über die Erlebnisse zu diesem Spiel ist meist sehr aufschlussreich.

Direkt neben einer Kapelle in Sneinton bei Nottingham/England befand sich dieses Rasenlabyrinth.
Eine alte Zeichnung zeigt, wie die Kleriker zur Entspannung
und zur Meditation im Labyrinth gehen.
Das Labyrinth hatte zwei Wege zur Mitte, die aber vermutlich nicht von Anfang an vorhanden waren,
sondern erst bei Renovierungen des Labyrinths entstanden.
Das Labyrinth existiert heute nicht mehr.

The Shepard's Race, aus: *Die Faszination der Labyrinthe*, Kösel-Verlag

20. Steigra

Tipp 1 Male die obere Hälfte des Labyrinths in Gelb- und Orangetönen aus, die untere Hälfte in Braun- und Grüntönen. Die Farben symbolisieren die Sonne und die Erde.

Tipp 2 Male das Labyrinth auf ein Plakat. Zwei bis sechs Mitspieler werfen zugleich verschiedenfarbige Steinchen, Holzplättchen oder Ähnliches auf das Labyrinth. Wer zuerst weiß, welcher Stein am Weg zur Mitte dem Ziel am nächsten ist, hat gewonnen. (Steigerung: Vorlage 21, S. 107) Dasselbe funktioniert auch mit Dartpfeilen.

Tipp 3 Zeichne über das Labyrinth eine horizontale und eine vertikale Linie. Schreibe in jeden Quadranten einen Begriff. Das können Menschen sein, die dir wichtig sind, Eigenschaften, die du an dir verändern möchtest, Arbeiten, die du angehen möchtest usw. Nun beginne langsam und sorgfältig den Weg mit Wasserfarben auszumalen. Das Labyrinth begleitet dich im Nachdenken über die vier Bereiche, und es kann gut sein, dass es deine Überlegungen an den richtigen Punkt führen wird.

Das Rasenlabyrinth von Steigra/Deutschland (Kreis Querfurt) existiert heute noch.
Es trägt den seltsamen Namen »Schwedenring«.
Möglicherweise wurden die deutschen Labyrinthe von schwedischen Soldaten im Dreißigjährigen Krieg gebaut und haben daher ihren Namen. In Skandinavien gibt es eine reiche Labyrinthtradition.
Über 300 alte Labyrinthe sind dort noch erhalten.
Die Form geht dabei immer vom kretisch-klassischen Typ aus, wie es auch bei allen deutschen Labyrinthen der Fall ist. Meist wurden mehr als sieben Umgänge gebaut.

Steigra, aus: *Die Faszination der Labyrinthe*, Kösel-Verlag

21. Hannover

Tipp 1 Ein wunderschönes Labyrinth für eine Prozession. Mit Kreide am Boden ausstreuen und begehen.

Tipp 2 Auf den ersten Blick wirkt das Kreuz in diesem Labyrinth wie nicht wirklich dazugehörig, sondern eher wie nachträglich aufgesetzt. Meditiere beim Durchgang durch das Labyrinth die Frage: »Was gehört zu meinem Leben und was ist aufgesetzt?«

Tipp 3 Wenn das Labyrinth genau nach Vorlage, mit dem Kreuz, aufgelegt wird, kann es sehr gut für folgenden meditativen Tanz verwendet werden:
Eine langsame Musik auswählen (nicht zu viel Moll) und mehrmals hintereinander auf eine Kassette aufspielen (mindestens 15 Minuten Spielzeit). Die Musik abspielen und langsam in einem frei erfundenen Tanzschritt in das Labyrinth hineingehen. Jedes Mal, wenn das Kreuz erreicht wird, einmal um die eigene Achse drehen.
Zu diesem Tanz gibt es nur eine weitere Regel: Sich Zeit lassen und in aller Ruhe den inneren Rhythmus finden.

Versteckt im Eilenrieder Forst bei Hannover liegt eines der drei alten erhaltenen Rasenlabyrinthe Deutschlands.
Es hat acht Umgänge, einen Ausgang aus der Mitte und in der Mitte steht ein Lindenbaum.
Im Volksmund heißt es »Das Rad«, aber selbst Einheimische wissen oft nicht, dass es überhaupt existiert. Niemand weiß, wann und wozu es angelegt wurde, die älteste Erwähnung stammt aus der Stadtchronik von 1642.
Das mit Ziegeln ausgelegte Kreuz wurde erst später eingefügt.

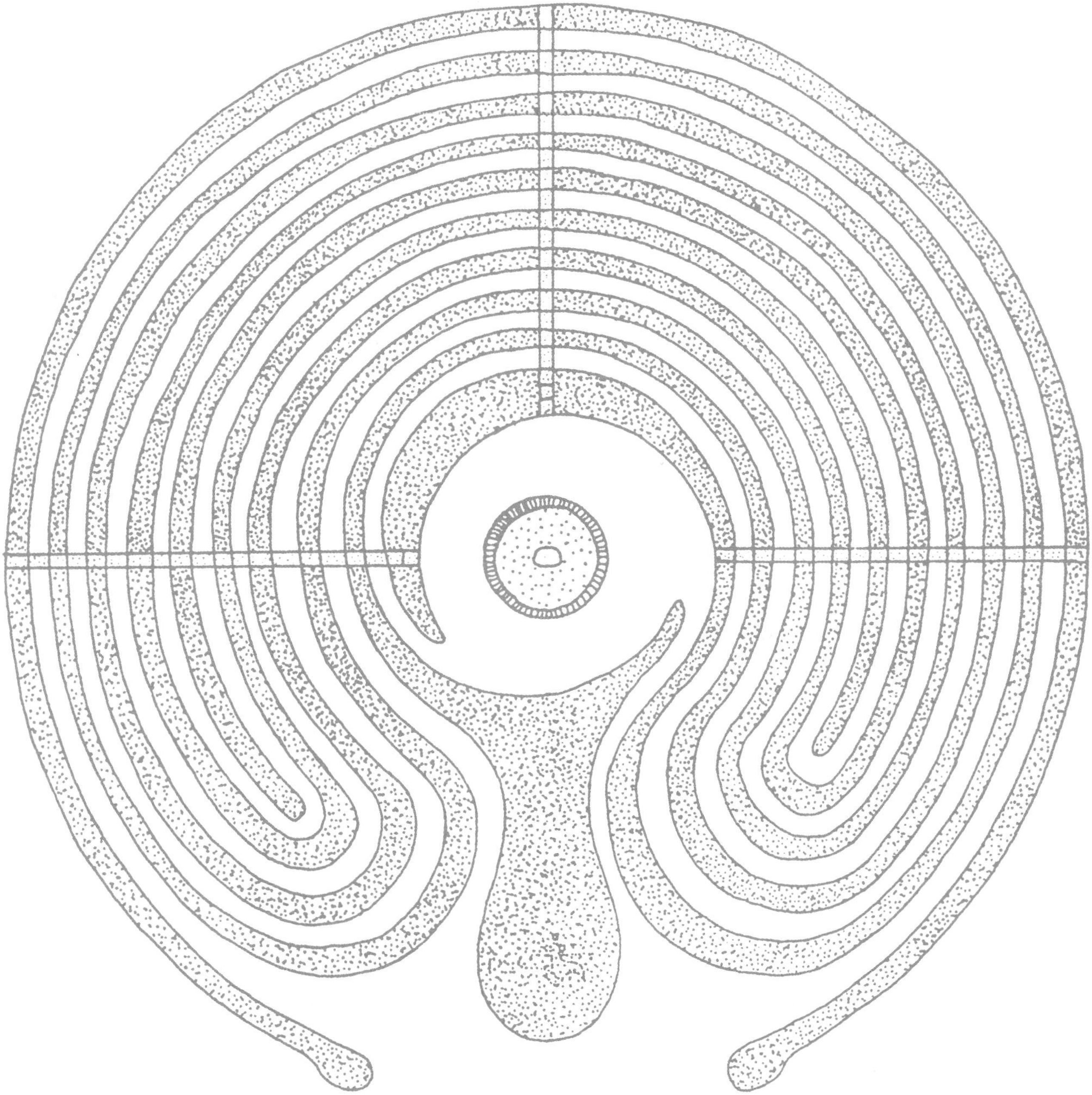

Hannover, aus: *Die Faszination der Labyrinthe*, Kösel-Verlag

22. Stolp

Tipp 1 Kopiere das Labyrinth auf zwei- bis dreifache Größe. Schneide das Labyrinth fein säuberlich aus. Zieh den Weg einmal vom Eingang, einmal von der Mitte aus langsam in die Höhe.
PS: Das vergrößerte Labyrinth hängt man am besten im Treppenhaus auf.

Tipp 2 Male jeden Weg, der sich mit der Sonne dreht, rot, und jeden, der sich gegen die Sonne dreht, grün an.

Tipp 3 Wenn jemand ein so großes Labyrinth zu einem (Kinder-)Fest aufbauen will, dann geht es am besten durch Einkratzen in eine Wiese mit einer Hacke oder einem Handpflug, oder durch Ausstreuen von Kalk oder Sand.

*I*n Stolp/Polen (heute: Slupsk) befand sich das größte je gebaute Rasenlabyrinth.
Es maß 45 Meter im Durchmesser und hatte 19 Umgänge.
Alle drei Jahre fand ein großes Fest der Schuhmachergilde auf dem Labyrinth statt.
Dabei tanzte eine Person aus dem Labyrinth heraus, eine andere hinein.
Wer einen Fehltritt machte, wurde ausgepfiffen.
Wie schwer es ist, in einem Labyrinth nicht aus der Spur zu treten,
das wissen nur die, die einmal in einem Labyrinth gelaufen sind.

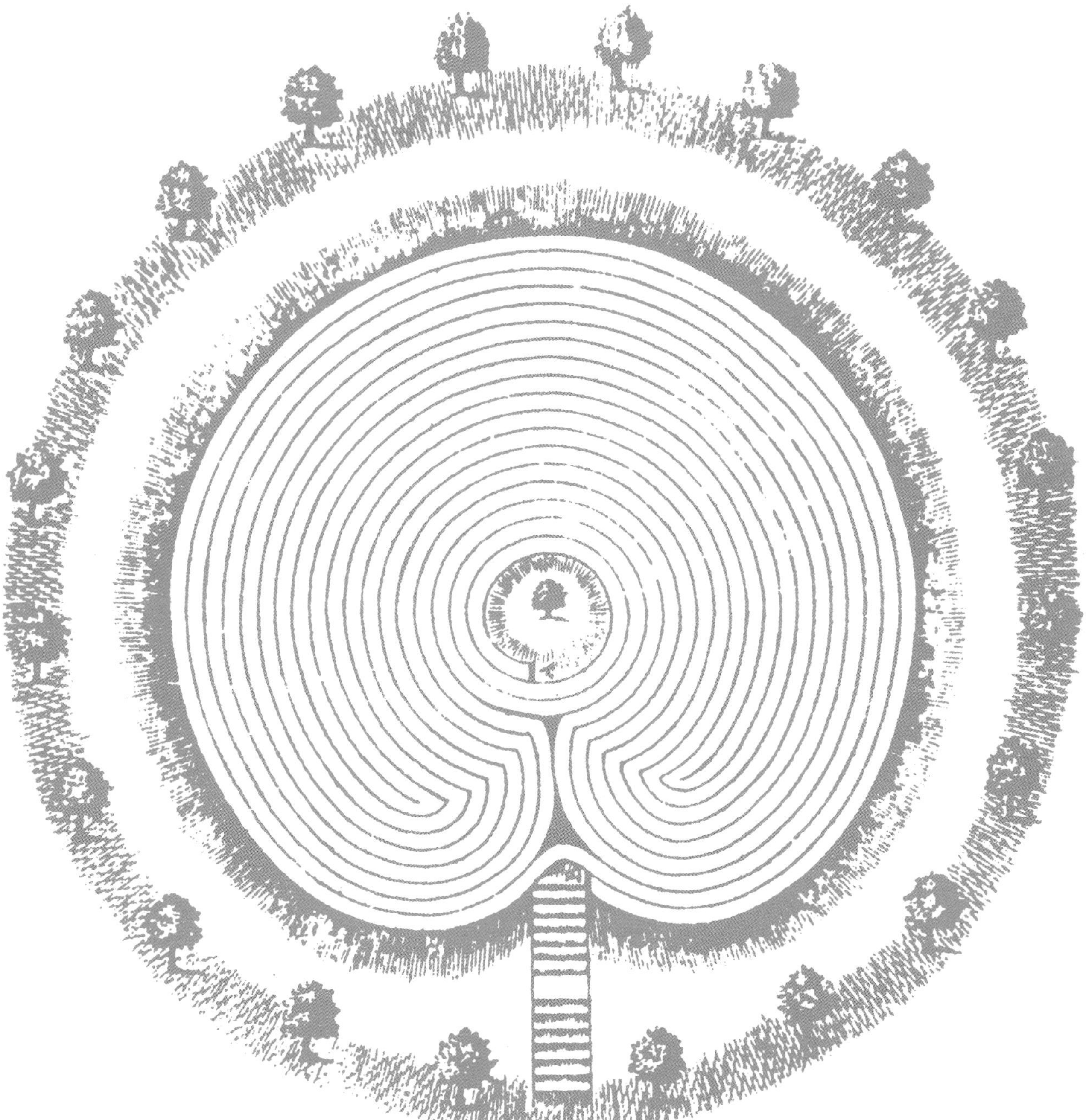

Stolp, aus: *Die Faszination der Labyrinthe*, Kösel-Verlag

23. Russische Trojaburg

Tipp 1 Welcher Jugendliche (und Erwachsene) würde nicht gerne einmal den Jungfrauentanz (s. unten) mitmachen!

Tipp 2 Als Schreibtischwettkampf kann man das Labyrinth kopieren und mit dem Bleistift »durchrasen«. Wer dreimal über die Linie tritt, wird disqualifiziert.

Tipp 3 Vorlage zum Aufbau eines Labyrinths mit Bachsteinen. Wer mit einem kleineren zufrieden ist, wird auf die Vorlage mit sieben Umgängen zurückgreifen.

In Skandinavien und Russland wurden Labyrinthe häufig in Küstennähe mit Steinen ausgelegt.
Allein auf der Insel Gotland existieren heute noch 40 davon.
Es ist sehr schwer festzustellen, wie alt diese Labyrinthe sind.
Manche sind höchstwahrscheinlich über 600 Jahre alt, vielleicht aber auch noch viel älter.
Die übliche Bezeichnung dieser Labyrinthe ist »Trojaburg«.
Sie geht auf die antike Stadt Troja zurück, die ähnlich wie Jericho nur mit List einzunehmen war.
In diesen Labyrinthen fanden Spiele der Jugend statt, die »Jungfrauentanz« genannt wurden.
(1) ist das Mädchen im Zentrum, während (2) und (3) die Jungen sind,
die versuchen, in entgegengesetzter Richtung laufend als Erster die Mitte zu erreichen.
Der Erste durfte das Mädchen zum Tanz führen.
Hier ist eine Trojaburg aus Russland abgebildet.

Russische Trojaburg, aus: *Die Faszination der Labyrinthe*, Kösel-Verlag

24. Man in the Maze

Tipp 1 Dieses indianische Labyrinth ist sehr beliebt zum Auslegen. Die unterschiedlichen Wegbreiten ergeben zusätzlich reizvolle Effekte.

Tipp 2 (Meditation) Der Schabernack des »Älteren Bruders« (s. unten) hat auch eine tiefere Bedeutung. Er bringt das Gefühl, alles unter Kontrolle zu haben, durcheinander. Wenn die Menschen in ihrer Ordnung gestört sind, weil sie zum Beispiel etwas nicht mehr finden, dann denken sie an ihn und auch an seinen Wohnplatz, den heiligen Berg, den abgehobenen Ort, der dem Himmel näher ist, als es die Hütten der Menschen sind. Der »Ältere Bruder« ist ein »guter Freund der Seele«, um die Menschen über die vermeintlich wichtigen zu den wirklich wichtigen Dingen zu führen.
Wer verärgert ist, weil etwas nicht in der gewünschten Ordnung gelaufen ist, nimmt das Labyrinth und lässt sich von Iitoi auf den heiligen Berg führen.

Der »Man in the Maze«, der Mann im Labyrinth, ist ein oft verwendetes Motiv
in Flecht- und Silberarbeiten nordamerikanischer Indianer.
Es ist eine interessante und rätselhafte Geschichte,
wie die klassische Labyrinthform zu den Indianerstämmen der Hopi, Pima und Navajo gelangt sein könnte.
Bei manchen indianischen Labyrinthen ist die klassische Form leicht verändert.
Die Kreuzmitte deckt sich mit der Kreismitte und die Wendepunkte laufen wie Strahlen auseinander.
Der bei diesem Labyrinth immer im Eingang dargestellte Mensch ist Tcuhu oder Iitoi, der »Ältere Bruder«.
Er schleicht manchmal heimlich des Nachts zu den Menschen und nimmt ihnen etwas weg.
Der Weg zu seinem Haus, das auf einem hohen Berg liegt, ist jedoch so labyrinthisch verschlungen,
dass es noch niemand gefunden hat. Das Labyrinth wird von manchen Indianerstämmen
auch bei verschiedenen Feiern am Boden ausgelegt und begangen.

Man in the Maze, aus: *Die Faszination der Labyrinthe*, Kösel-Verlag

25. Cakra-vyuh

Tipp 1 Nimm die vier Farben Blau, Gelb, Rot und Grün. Male jeden Quadranten des Kreuzes in einer der vier Farben aus und bewege dich dann mit den Farben gleichmäßig in das Labyrinth.

Tipp 2 Manche Entscheidungen, die wir treffen müssen, sind eine »schwere Geburt«. Meditiere dieses Labyrinth langsam und halte Rast in den »Wehenpausen« beim Kreuz.

Tipp 3 Diese Labyrinthvorlage eignet sich für alle Feiern, bei denen das Kreuz als Symbol eine wichtige Rolle spielt. Die Betonung der Mitte liegt nämlich nicht im Endpunkt des Labyrinths, sondern um das Kreuz. Das Kreuz kann vielfältig gestaltet werden, zum Beispiel, indem vier Aspekte des Kreuzes in den »Ruheräumen« angedeutet werden.

Das Labyrinth hat sich auch in Teilen Asiens verbreitet.
In einem zeitgenössischen indischen Ritualbuch gibt es diese Labyrinthabbildung
mit einem Tipp zur Einleitung einer Geburt:
»Man reibe Safran mit Gangeswasser an und zeichne damit auf einen Bronzeteller den Cakra-vyuh (das Labyrinth),
wasche dies mit Gangeswasser ab, gebe es der Gebärenden zu trinken,
dann wird es bald zur Geburt kommen und die Geburtsschmerzen werden beruhigt ...«
Damit wird symbolisch der schwierige Weg der Geburt vorgezeichnet.
Wenn man diese Labyrinthform im Zusammenhang mit einem Geburtsvorgang bedenkt,
fallen die großen »Ruheräume« beim Kreuz auf, die an Wehenpausen denken lassen.
Dieses Labyrinth ist ein Abbild der Bewegungen des Uterus und ein Nachsinnen oder Nachfahren
der Linien kann zur Entspannung bei einer Geburt beitragen.

Cakra-vyuh, aus: *Die Faszination der Labyrinthe*, Kösel-Verlag

26. Die Stadt Scimangada

Tipp 1 Dieses Labyrinth wirkt wie eine Tür. Male die Torbögen aus und bewege dich langsam auf die geheimnisvolle Mitte zu. Welches Geheimnis willst du ergründen und welche Tür muss dazu geöffnet werden?

Tipp 2 Kopiere dieses Labyrinth auf Transparentpapier. Male es mit Buntstiften oder hellen Wasserfarben aus und klebe es auf eine Laterne. Das hinter der Labyrinthtür leuchtende Licht wirkt besonders schön und geheimnisvoll.

Ende des 17. Jh. verfasste der römische Missionar Cassiano einen Bericht
über seine Reise von Indien nach Tibet.
Er schrieb, dass er im Dschungel von Nepal auf die Ruinen einer alten Stadt gestoßen war, die Scimangada hieß.
Später wurde ihm erzählt, dass diese Stadt in der Form eines Labyrinths gebaut war.
Es wurde ihm eine antike Münze des Königs von Batgao gezeigt, auf der der Grundriss der Stadt
in Form eines Labyrinths dargestellt war – mit einer unentzifferten Hieroglyphe in der Mitte.
Cassiano zeichnete die Gravur auf der Münze in sein Reisetagebuch.
Mehr ist bis heute von dieser geheimnisvollen Stadt nicht bekannt;
auch eine nepalesische Labyrinthmünze ist bislang nicht dokumentiert.

Die Stadt Scimangada, aus: *Die Faszination der Labyrinthe*, Kösel-Verlag

27. Der Mensch als Labyrinth

Tipp 1 Suche einen kurzen und einen langen Weg zum Herzen. Suche in deinen Erinnerungen deine langen und weniger langen Irr- und Umwege und male die Wege in den Farben aus, die für dich zu diesen Erinnerungen gehören.

Tipp 2 In verschiedene Umrisse (zum Beispiel Tiere) lassen sich interessant aussehende Irrgärten einfügen. Umgekehrt können auch in rechteckige Irrgärten Figuren eingebaut werden.

Im 16. Jh. hat sich der Architekt Francesco Segale aus Padua mit Irrgartenformen auseinander gesetzt
und verschiedene Figuren mit Irrgärten ausgefüllt.
Unter anderem diesen Menschen.
Es gibt einen Eingang bei den Haaren und einen Ausgang an menschenüblicher Stelle.
Aber auch Irrgärten können zu mehr als nur zur spielerischen Suche
nach dem kürzesten Weg verwendet werden.

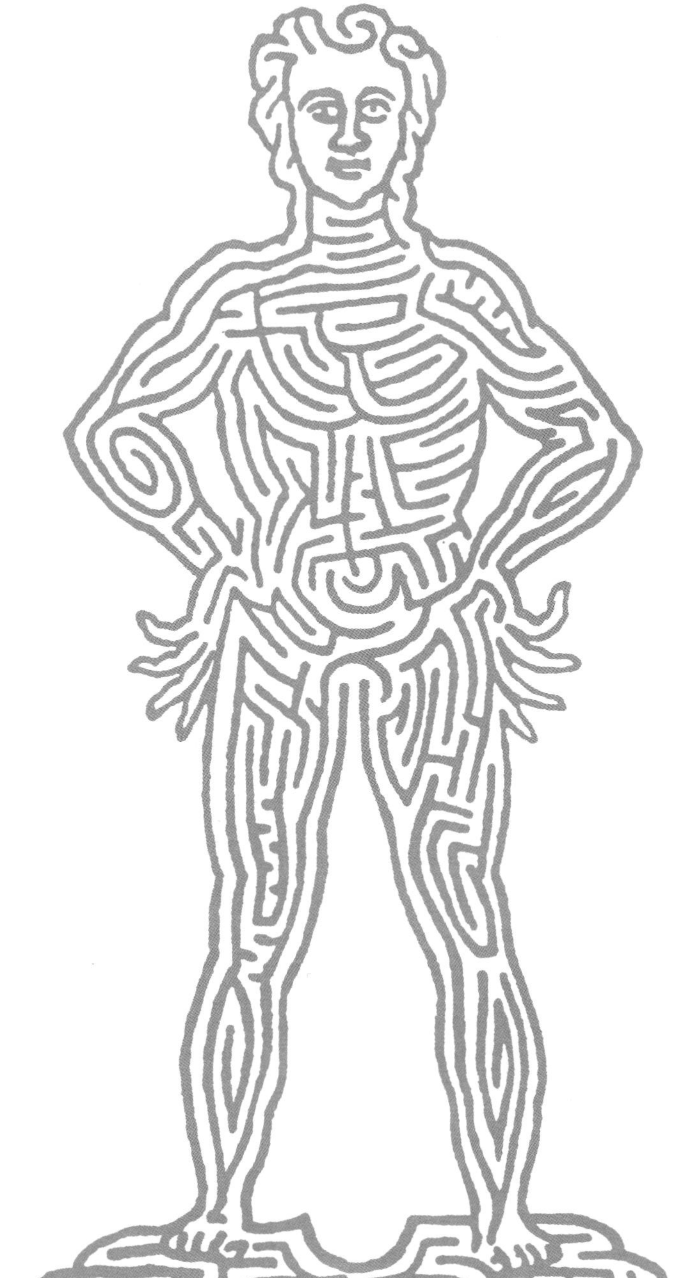

Der Mensch als Labyrinth, aus: *Die Faszination der Labyrinthe*, Kösel-Verlag

28. Irrgarten von Altjessnitz

Tipp 1 Es gibt in diesem Irrgarten keine Sackgassen, aber viele Wahlmöglichkeiten. Wer findet den kürzesten Weg zur Mitte? Und wer den längsten, und zwar so, dass dabei keine Strecke zweimal verwendet wird?

Tipp 2 Male den kürzesten Weg grün und den längsten orange aus. Um wie viel ist der orange Weg länger?

*D*er Altjessnitzer Irrgarten/Deutschland (Kreis Bitterfeld) ist ein Heckenlabyrinth.
Das Labyrinth wurde 1732 auf Veranlassung des Barons Leopold Nikolaus von Ende angelegt
und ist nicht nur der größte Irrgarten Deutschlands,
sondern auch der einzige, der aus dieser Zeit erhalten geblieben ist.
Die schmalen Wege verlaufen zwischen zwei Meter hohen Hainbuchenhecken.
Der Grundriss des Gartens ist ein Quadrat mit 50 Meter Seitenlänge.
Im Zentrum befindet sich eine Plattform, von der aus man den gesamten Garten überblicken kann.
Es gibt über 200 Möglichkeiten, zur Mitte zu gelangen.

Irrgarten von Altjessnitz, aus: *Die Faszination der Labyrinthe*, Kösel-Verlag

29. Ely

Tipp 1 Manche Labyrinthe sind rund und man geht in ihnen in großen, geschwungenen Bögen. Dieses Labyrinth ist sehr eckig. Wer darin geht, wird regelrecht hin und her gerissen.
Stelle dir die Fragen: »Wo sind die scharfen Kanten in meinem Lebensweg? Wo bin ich verwundet worden?« Jede Heilung beginnt in und an den Wunden. Wirkliche Wunden werden oft tief verborgen, weil es scheinbar niemanden gibt, dem man sie anvertrauen kann.
Wer möchte, kann in einem Ritual seine Wunden in das Labyrinth hineinschreiben und in einer Kirche Christus in symbolischer Form seinen Lebensweg überreichen.

Tipp 2 Falls du eine Reise nach England machst, plane Ely unbedingt mit ein.

*D*ie eindrucksvolle gotische Kathedrale von Ely in der Nähe von Cambridge
enthält das einzige begehbare Kirchenlabyrinth in England.
Es wurde erst 1870 bei Renovierungsarbeiten gleich hinter dem Eingang eingebaut.
Genau über dem Labyrinth erhebt sich der Westturm in 65 Meter Höhe.
Genauso lang ist der Weg durch das Labyrinth.
Neben dem Labyrinth steht eine Christusfigur als »verwundeter Heiler«.
Er wandert mit als der Begleiter des Menschenweges.
Hoch über dem Labyrinth befindet sich ein Gemälde des »herrlichen Christus«, des Königs des Universums.
Er blickt segnend auf die Menschen im Labyrinth herab.

Ely, aus: *Die Faszination der Labyrinthe*, Kösel-Verlag

30. Kölner Dom

Tipp 1 Ein golden glänzendes Messing- oder Kupferblech kaufen. Den Labyrinthweg mit wasserfester Folie abkleben. Das Blech eine Zeit lang der Witterung aussetzen, bis es matt geworden ist. Dann das Blech in einem Innenraum aufhängen und die Folie abziehen.

Tipp 2 Ein Labyrinth zu bauen ist immer einfacher, wenn es nicht rund ist. Man braucht nur ein paar Bretter auflegen und schon ist dieses Platz sparende, an die gotische Tradition angelehnte Labyrinth fertig.

Tipp 3 Der Tod ist der schwierigste Teil des Lebens. Viele Unsicherheiten sind damit verbunden. Male an die sieben Außenflächen sieben Fragezeichen. Versuche zu diesen Fragezeichen eine Frage zu formulieren, die sich im Zusammenhang mit deinem Tod stellt. Schreibe an die achte (unterste) Fläche den Satz: »Siehe, ich mache alles neu.« Gehe nun durch das Labyrinth und lese immer die Frage, die du auf dem Weg passierst.

Erst 1977 wurde im Kölner Dom ein Labyrinth eingefügt.
Und zwar nicht an der üblichen Stelle im Eingangsbereich des Domes,
sondern am Treppenabsatz beim Abgang zur Krypta.
Dadurch musste es in Wegbreite und Umgangszahl klein bleiben.
Es kann daher nur schwer abgegangen werden. Der Platz ist zwar unüblich, aber nicht schlecht gewählt.
Das Labyrinth ist auch ein Symbol des Todes und der Auferstehung.
Wer diese Krypta hinabgetragen wird, bleibt nicht darin gefangen,
sondern der »große« Faden der Liebe wird ihn aus dem Labyrinth herausführen.

Kölner Dom, aus: *Die Faszination der Labyrinthe*, Kösel-Verlag

31. Watt's Chapel

Tipp 1 Denke an eine einsame, schöne Waldkapelle in deinem Traumland und male den Engel in den Farben aus, die für dich zu diesem Land gehören.

Tipp 2 Der Engel symbolisiert den Schutz für den Lebensweg. Er würde sicher gut geschnitzt oder geschmiedet, in Ton gebrannt oder als Bild auf die Eingangstür eines Hauses oder einer Wohnung passen.

Die Frau des englischen Malers George F. Watts, Mary,
errichtete auf dem von dem Künstlerehepaar bewohnten Gut in Compton/England
um die Jahrhundertwende ein einzigartiges Bauwerk.
Nur mithilfe einiger lokaler Handwerker baute sie auf einem Hügel eine Gedächtniskapelle.
Die Form, eine in ein Kreuz eingebaute Kuppel, die Innenbemalung sowie die Außenreliefs
sind voller sorgfältig durchdachter Symbolik.
Das Außenrelief wird von insgesamt zwölf Engeln getragen, von denen vier ein Labyrinth halten.
Auch auf den Messingschrein im Inneren wurde ein Labyrinth eingraviert.

Watt's Chapel, aus: *Die Faszination der Labyrinthe*, Kösel-Verlag

32. Grey's Court

Tipp 1 Dieses gotische Labyrinth mit sieben Umgängen ist wunderschön zu begehen, auch ganz ohne symbolische Zutaten. Das Original hat einen Durchmesser von 30 Meter. Wer dieses Labyrinth begeht, wird von der beim Gehen empfundenen Harmonie begeistert sein.

Tipp 2 Male das Labyrinth in warmen Farben aus und meditiere dabei über die Harmonie des Lebens – auch im Leid, auch in den Gegensätzen.

Tipp 3 Seit 2 000 Jahren fragen sich viele Christen und Theologen: »Was hat Judas eigentlich so falsch gemacht?« Das Labyrinth könnte ein Einstieg in ein Gruppengespräch zu diesem schwierigen Thema sein. (Judas ist durch den mit dem Labyrinth unverbundenen Diademstachel zwischen Kreuz und Labyrintheingang symbolisiert.)

*D*ieses 1981 erbaute Labyrinth geht auf die Antrittspredigt des Erzbischofs von Canterbury, Robert Runcie, zurück.
Damals sagte er: »Ich träumte von einem Labyrinth. Da gab es Leute nahe der Mitte,
aber sie fanden nicht hin, und solche, die weiter weg standen, die aber leichter und schneller zur Mitte gelangten
als die Gruppe, die es sich drinnen bequem machte ...«
Das Labyrinth in Grey's Court bei London wurde im Andenken an diesen Bischof und
seinen Einsatz für die Ökumene errichtet.
Das Mittelkreuz besteht als Zeichen der Ökumene aus zwei übereinander gelegten Kreuzen,
einem römischen und einem byzantinischen. Diamantförmige Stacheln stellen die Dornenkrone dar,
wobei jeder Stachel einen der zwölf Apostel symbolisiert.
Dieses von © Adrian Fisher entworfene Labyrinth zählt zu den gelungensten und
harmonischsten Labyrinthen der Neuzeit.

Grey's Court, aus: *Die Faszination der Labyrinthe*, Kösel-Verlag

33. Raupe und Schmetterling

Tipp 1 Ein kleines Rätsel: Bei der ursprünglichen Vorlage war eine Stelle durch eine Figur verdeckt. Dadurch wurde das Labyrinth nicht ganz richtig abgezeichnet. Wer weiß, wo?

Tipp 2 Male den Weg durch das Labyrinth, Nuss und Raupe mit verschiedenen Buntstiften aus.

Tipp 3 Meditiere einen der folgenden Sätze:
»Wirkliche Verwandlung ist ein langer Weg.«
»Veränderungen sind oft kaum sichtbar, aber sie geschehen.«
»Veränderung kann nur verhindert werden durch die Weigerung weiterzugehen.«
»Jede Schale bricht. Jede Raupe wird einmal fliegen.«

Im Labyrinth geschieht Verwandlung.
Der Weg formt die Seele, und wer die Mitte erreicht, ist neugeboren.
Die Schale bricht auf und die Frucht erscheint, und was eben noch gekrochen ist, hat nun Flügel.
Aber der lange Weg fordert einige Konzentration.
Allzu leicht gerät man in einen benachbarten Gang und wird dadurch vollständig verwirrt.
Das Labyrinth lehrt die Geduld am langen, aber sicheren Weg der Verwandlung.
Dieses Labyrinth stammt aus einem Sammelband verschiedener Embleme aus dem Jahr 1539.
Nuss und Raupe wurden nachträglich eingetragen.

Raupe und Schmetterling, aus: *Die Faszination der Labyrinthe*, Kösel-Verlag

34. Die Frau im Labyrinth

Tipp 1 Ein Tanz für zwei Personen, bei dem spielerisch Distanz und Nähe erfahren werden, kann so ablaufen: Eine Person steht in der Mitte mit einem längeren Band um die Hüfte geschlungen. Die andere nimmt das Ende des Bandes und geht vom Eingang weg in das Labyrinth. Die in der Mitte stehende Person dreht sich nun ein und aus, und zwar so, dass das Band immer gespannt bleibt.

Tipp 2 Die Frauenfigur aus Papier ausschneiden und das Labyrinth von den Armen, vom Fuß und Kopf weg mit Bändern auslegen.

Tipp 3 Das Labyrinth mehrfach verkleinert kopieren, in Erd- und Feuerfarben ausmalen und als Mobile aufhängen.

Fünf Gehminuten vom Züricher Hauptbahnhof, auf der Zeughauswiese im Areal der ehemaligen Kaserne,
haben Frauen 1991 ein Pflanzenlabyrinth angelegt.
Die Bevölkerung wurde eingeladen, sich an der Gestaltung und Pflege zu beteiligen.
Es entstand ein öffentlicher Begegnungs- und Veranstaltungsort, der die Inspiration zum Bau
vieler ähnlicher Plätze gegeben hat.
Die Frau im Labyrinth, von der Künstlerin Agnes Barmettler als Logo geschaffen,
ist länderübergreifend zum Markenzeichen für die öffentlichen Frauenlabyrinthplätze geworden.
Die weitere Verwendung dieses Bildes ist erlaubt und erwünscht,
aber bitte nur mit folgender Quellenangabe: © Labyrinth Project International.

Die Frau im Labyrinth, aus: *Die Faszination der Labyrinthe*, Kösel-Verlag

35. Amras

Tipp 1 Male die tanzende Figur mit einer kräftigen, fröhlichen Farbe aus, den Rest in den Farben der Erde. Auch knallbunte »Bonbonfarben« machen sich gut.

Tipp 2 In diesem Labyrinth lässt sich besonders leicht ganz Unterschiedliches sehen. Fast jeder sieht etwas anderes. Figur und Schmetterling sind unten erwähnt. Das Labyrinth weckt aber noch andere Assoziationen. An was erinnert es dich? Halte diesen Einfall fest und denke noch eine Weile darüber nach, was dieser Begriff mit deinem Leben zu tun hat und welche Rolle er darin spielt.

Tipp 3 Das Labyrinth eignet sich zum Aufmalen im Freien, besonders bei beengten Platzverhältnissen.

Dieses Labyrinth wurde von © Gernot Candolini entworfen
und 1995 am Vorplatz einer Volksschule aufgemalt.
Es ist in verschiedenen Farben gestaltet.
In der Mitte kann man einen Schmetterling oder eine tanzende Figur erkennen.
Die Kinder lieben es, darauf herumzurennen und erfinden
laufend neue Spielmöglichkeiten.

Amras, aus: *Die Faszination der Labyrinthe*, Kösel-Verlag

36. Irrgarten der Verwirrung

Tipp I Hier kann man sich verirren!
Wer dieses Buch in der (falschen) Annahme gekauft hat, dass er hiermit viele »Such-den-richtigen-Weg-Spiele« lösen kann, wird hier mit einem äußerst schwierigen »Labyrinth«-Irrgarten entschädigt.

Ein Irrgarten, der es in sich hat!
Mit einem derartigen Muster kann man die Grenzbelastung der Augen testen.
Durch die vielen Kontrastlinien entsteht eine so unterschiedliche Nervenreizung in der Netzhaut, dass man nicht lange hinschauen kann. Es ist daher praktisch unmöglich, ohne Bleistift den Weg zur Mitte zu finden.
Solche Irrgärten sind aber nur eine Konzentrationsspielerei und haben keinen symbolischen Tiefgang.

Irrgarten der Verwirrung, aus: *Die Faszination der Labyrinthe*, Kösel-Verlag

37. Fuß und Hand

Tipp 1 Wie viele Möglichkeiten gibt es, die Mitte der Hand beziehungsweise die Mitte des Fußes zu erreichen?

Tipp 2 In der Hand liegt ein Herz und in seiner achteckigen Mitte befindet sich ein edler Stein. Übertrage das Labyrinth mit Wasserfarben oder Henna in die eigene Hand und denke dabei über den Satz nach: »Wer einen wahren Schatz finden will, muss sein Herz in der Hand tragen.«

*H*ierbei handelt es sich um zwei reizvolle Gestaltungen von Irrgärten.
Auf einem Spielplatz in Bicton/England wurde der Fuß eines Riesen mit Holzpalisaden aufgebaut.
Die Hand hat der Künstler André Heller in Wattens in Tirol als Heckenirrgarten aufgebaut.
Sie wurde mit einer Hainbuchenhecke gepflanzt und ist Teil des faszinierenden Gesamtkunstwerkes der »Swarovski Kristallwelten«.

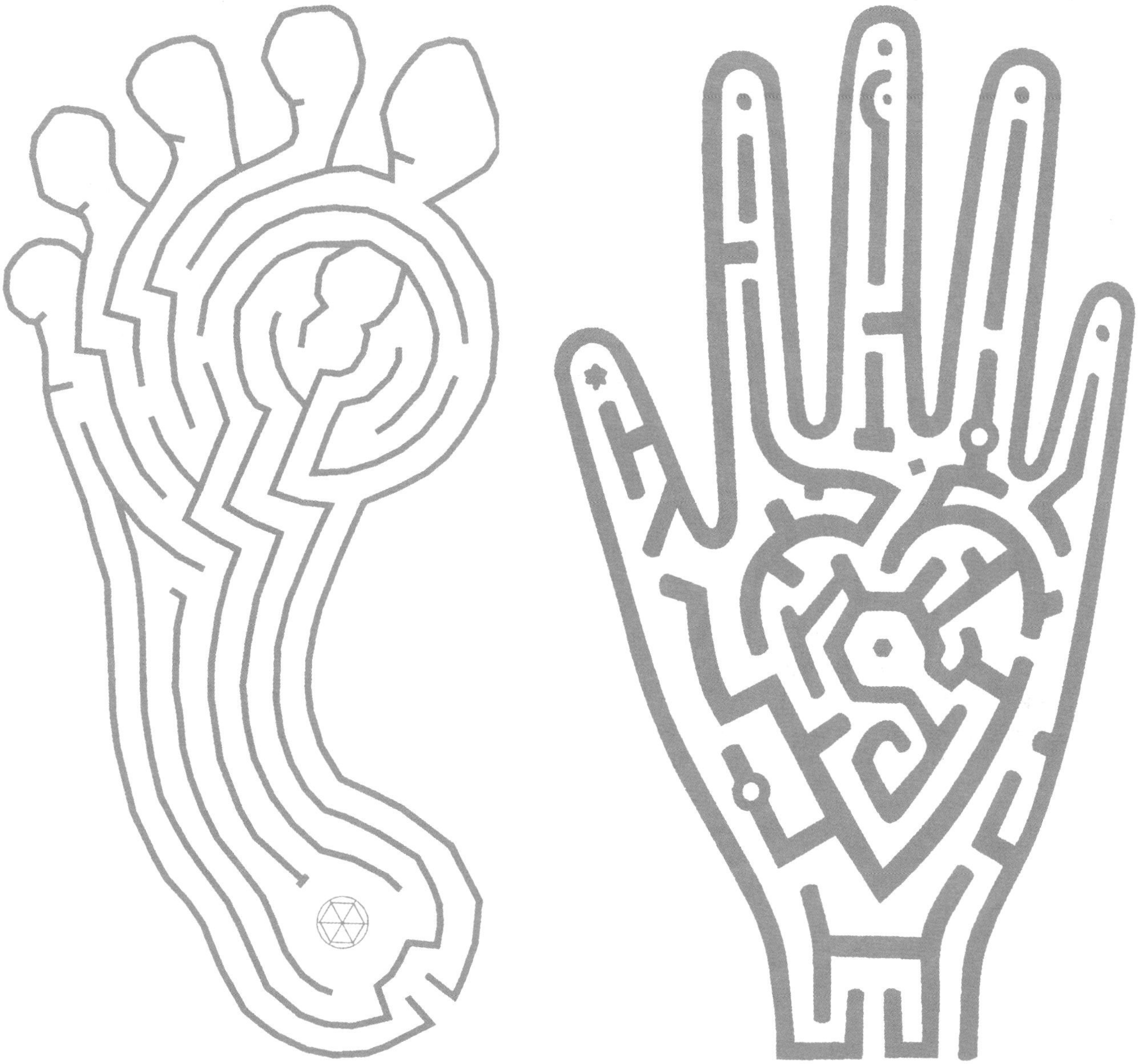

Fuß und Hand, aus: *Die Faszination der Labyrinthe*, Kösel-Verlag

38. Modernes christliches Labyrinth

Tipp 1 Dieses Labyrinth lässt sich sehr einfach mit Holz und Steinen oder anderem Material bauen.

Tipp 2 Bei diesem Labyrinth sind auch die Begrenzungslinien ausmalbar, um viel Gestaltungsmöglichkeiten mit der Farbgebung zu erreichen.

Tipp 3 Bei jeder Wendung stößt man am Kreuz an. Das Kreuz »zwingt« zur Wende. Während du das Labyrinth ausmalst, stelle dir die Frage: »Was ist für mich ein Anstoß, ein Hindernis, eine Hilfe, meinen Weg zu finden, eine Orientierung auf meinem Weg ...?«

Dieses Labyrinth wurde in ähnlicher Form neben dem Dom von Linköping in Schweden erbaut
und für die »Katholische Jugend – Innsbruck« auf eine transportierbare Matte gemalt.
Es handelt sich dabei um die gotische Grundform mit sieben Umgängen,
einer sehr schönen und ausgewogenen Annäherung an die Symmetrie
und einer besonderen Hervorhebung des Kreuzes.

Modernes christliches Labyrinth, aus: *Die Faszination der Labyrinthe*, Kösel-Verlag

39. »Der tanzende Jakob«

Tipp 1 Male im Labyrinth zuerst den Wanderer aus. Dann male den Weg dunkelgrün und die Zwischenräume blau (s. Foto S. 48).

Tipp 2 Fahre das Labyrinth mit dem Finger ab und wiederhole dazu den Satz: »Was immer das Labyrinth bringen mag, vergiss den Tanz der Freude nicht!« Wenn sich keine Möglichkeit findet, ein Labyrinth zu begehen und dabei diesen Tanz auch wirklich zu versuchen, genügt ein Stück einsamer Waldweg, den man einmal unbedarft und unbeobachtet mit diesem Gedanken entlangtanzen sollte: »Dieses Stück Weg ist ein Stück meines Lebens, und das wird getanzt.«

Tipp 3 Das Labyrinth lässt sich einfach mit Ziegelsteinen auflegen.

*I*m Mittelalter wurden Labyrinthe auch als Ersatzpilgerfahrten verstanden.
Die großen Pilgerwege der Christenheit führen nach Jerusalem und Rom
oder auf dem so genannten Jakobsweg nach Santiago de Compostela.
Der Patron der Pilger ist Jakob der Ältere, einer der ersten Jünger Christi.
Dieses Labyrinth von © Gernot Candolini soll vor dem Dom zu St. Jakob in Innsbruck
mit verschiedenfarbigen Steinplatten gebaut werden.
Man erkennt eine wandernde oder tanzende Figur, die im Labyrinth integriert ist.
Jakob begleitet die Pilger und freut sich mit ihnen über das Erreichen des Zieles.

»Der tanzende Jakob«, aus: *Die Faszination der Labyrinthe*, Kösel-Verlag